ビジネス情報リテラシー

尾碕　眞　◎──監修

吉田　聡

青木　均　◎──編著

笠置　剛

創 成 社

監修のことば

わたしたちはコンピュータと情報ネットワークの中で生活しています。例えば，友人とコミュニケーション，買い物・その支払い，イベント，食事，新幹線の予約等々，スマホで済ませることができます。これは好むと好まざるに関わらず情報ネットワークを利用し，便利な環境を享受しているといえます。また，レポート作成，文書作成等，図表，統計処理，インターネットと PC を利用しています。確かに便利に使いこなすことは重要です。つまりコンピュータやネットワークのことを知らなくても手軽に利用しているのです。

しかし，コンピュータやネットワークの基本的知識は必要といえます。とりわけ，商学部に学ぶ学生はこの基本的な知識習得が，情報を利用したビジネスチャンスを創出できることを理解すべきでしょう。また，製造業，小売業，サービス業等のビジネスの現場ではコンピュータ・ネットワークを駆使し生産性を向上させています。コンビニは物販だけでなく，チケット予約，ATM，振込等々が利用でき情報小売業といえます。さらに e コマースのアマゾンは AI，自動倉庫等の情報システムを駆使した先進的情報小売業といえます。そこで先に述べたように商学部に学ぶ学生はコンピュータのハードウェア，ソフトウェア，ネットワークの基本的な知識が必要であり，それを避けて通ることはできません。

スマホは得意だが，PC を利用するのは苦手な人もいると思いますが，ビジネスで PC を利用しないわけにはいきません。どのようにコンピュータと付き合うのかです。1 つめはとにかく使う，コンピュータやネットワーク等のことは考えない。2 つめはコンピュータの原理，本質等を理解し進める。この 2 つの方法から付き合い方を考えてみると，とにかく使い慣れコンピュータの基礎を学ぶことではないでしょうか。少なくともコンピュータを操作すれば，対話を体感できると思います。

ところで，現在，量子力学の重ね合わせを応用した量子コンピュータが開発されています。処理速度はスーパーコンピュータを超えるといいます。将来，汎用型量子コンピュータが登場すると情報社会基盤を激変させ，ビジネスの情報システムも大きく変化するといえます。

本書は，先に出版した『文書作成リテラシー』，『ビジネスのためのデータ処理リテラシー』に続き PC を利用してデータ処理を学ぶものです。前書同様，大学生，社会人の方々がコンピュータに慣れ，ビジネスでコンピュータを有効利用できる能力を習得することを目的としています。その観点から，コンピュータに精通した教員が数回の研究会と編集委員会を行い，本書の構成と内容を検討し執筆したものです。

ICT の時代に取り残されないように，学んでいただければ幸いです。

2020 年 3 月

監修　尾碕　眞

編著者はしがき

近年,「AI」,「IoT」,「ビッグデータ」など情報技術が急速に発展してきています。このような時代に取り残されないよう,情報系の学生だけでなく,すべての学生にとってインターネットやコンピュータを効果的に活用する能力が必要といえます。

具体的には,インターネットを利用した情報検索,電子メールによるコミュニケーション,パソコンを利用した文書作成やプレゼンテーションを行う能力,データを的確に表現する能力,分析する能力,処理・加工する能力は,今後もさらに必要になってくると考えられます。これらの能力は,学生にとってレポートや論文の作成,研究活動に役立つだけでなく,就職活動やビジネスの幅広い分野においても大いに役立つと考えられます。

本書は,主に大学生が情報化社会においてコンピュータやインターネットを適切に活用し,これらのスキルを今後の研究活動やビジネスなどでも活かすことを目的に作成されたものです。したがって,大学にて情報リテラシーの講義を受ける際の教科書だけでなく,社会に出てからの参考書としても役立つようまとめました。本書で説明するためのパソコンのオペレーティングシステムは Microsoft Windows10 を採用し,ワープロ,プレゼンテーション,表計算のソフトウェアとしては Microsoft Office2019（Word2019, PowerPoint2019, Excel2019）を採用しています。また,Web ブラウザの環境は Microsoft Edge,電子メールの環境は Google 社の Gmail を採用しています。

本書の作成においては,それぞれの章を大学での 1 時限（90 分）授業として半期でほぼすべての内容が終了するよう構成しました。また,原則としてそれぞれの章に演習問題を設定し,授業時間以外でも各章の内容の理解が深まるように工夫しました。

第 1 章では,コンピュータやインターネットの歴史およびビジネスにおける情報技術の活用について解説しました。第 2 章では,コンピュータ内部のしくみ（ハードウェア）やコンピュータを動作させるための基本ソフトウェア（OS）について触れています。第 3 章ではインターネットにおけるサービスのほか,コンピュータやインターネットを扱うにあたってしなければならないこと,気をつけなければならないことを解説しました。第 4 章と第 5 章では,実際にパソコンを活用するために OS の 1 つである Microsoft Windows の画面構成や基本動作について説明するとともに,キーボードの扱いや日本語入力の基本的な操作について説明し,第 6 章と第 7 章ではインターネットの活用として,Web による効果的な情報検索の方法や電子メール（Gmail）の活用方法について解説しました。第 8 章と第 9 章ではワープロソフトによる文書作成の方法として,Microsoft Word の画面構成や操作方法,使いこなすと便利な機能,ビジネス文書の作成方法などについて解説し,第 10 章ではプレゼンテーションの方法として,Microsoft PowerPoint の操作方法や効果的なプレゼンテーションについて解説しました。第 11 章では表計算ソフトウェア Microsoft Excel の基本操作として,画面構成,ブックの新規作

成や保存の方法，セルへのデータの入力や編集などについて解説しました。第12章では，セルに入力された数値を計算するための数式，関数の利用方法やセルの参照方法（相対参照や絶対参照など）について解説しました。第13章ではグラフ機能として，グラフの新規作成，棒グラフ，折れ線グラフ，円グラフ，複合グラフなどさまざまな種類のグラフを挿入する方法やグラフの種類を変更する方法について解説しました。第14章ではMicrosoft Excelが持つ便利な機能として，印刷機能，検索や置換，Wordと連携した文書作成などについて解説しました。

　本書の執筆は，それぞれの章において大学で情報リテラシーやビジネス情報の授業を担当する教員が分担いたしました。各章の執筆分担は，第1章については吉田聡と青木均，第2章から第4章および第11章を吉田聡，第5章から第7章を竹治勲，第8章，第10章および第13章を御幸英寛，第9章，第12章および第14章を笠置剛が，それぞれ担当しました。

　編集にあたっては，すべてのページについて慎重に検討し校正作業を行いました。執筆者により文章や図表の表現方法に若干の違いが感じられますが，今後より充実したものにする努力を重ねますので，忌憚なきご意見を賜れば幸いです。

　なお，本書で利用するデータの一部は，本書の出版元である創成社のWebサイト（http://www.books-sosei.com）からダウンロードすることができます。

　最後に，本書の出版にあたり企画段階から何かとご相談いただいた愛知学院大学大学院商学研究科尾碕眞客員教授，ならびに創成社の西田徹氏に心から感謝いたします。

2020年3月

編著者を代表して

吉田　聡

目　次

—— 第 1 章 ——

情報社会とコンピュータ

❶ 情報技術進展の歴史

1.1 コンピュータの歴史

　電子計算機が 1940 年代に誕生するまで，計算機は機械式あるいは電気機械式であり，現存する最古の機械式計算機は，1643 年にフランスのブレーズ・パスカルによって開発された「パスカリーヌ」と呼ばれる，歯車を回して加減算を行うことができる計算機といわれています。我が国においては，1902 年に矢頭良一によって初の機械式計算機である「自動算盤」が開発されました。自動算盤は四則演算が可能で，そろばんと同様の方式で数字を入力して，乗除算における自動桁送りや計算終了時における自動停止の機能を実現しました。その後，1923 年に大本寅治郎が機械式卓上型計算機を開発し，虎印計算機と名付けて販売しました。これが「タイガー計算機」と呼ばれるもので，海外製品よりも安価であったため広く普及し，1960 年まで製造されました。

　これらの手動式の卓上型機械式計算機は，小型電気モーターの普及により電動式卓上計算機に発展していきます。アメリカにおいて，ハーマン・ホレリスが 1884 年に「統計処理機械」

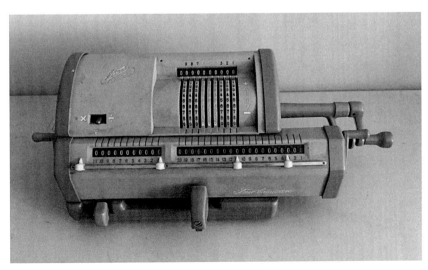

図 1.1　タイガー計算機

出所：筆者撮影。

図1.2　ジョン・フォン・ノイマン
出所：アメリカ数学会 HP。

を開発しましたが，20 世紀に入って発展し，「パンチカードシステム」として事務処理に大量に使用されるようになりました。

　アメリカでは戦時中に電子計算機の開発が積極的に進められるようになり，1946 年に真空管式コンピュータである「ENIAC（Electronic Numerical Integrator and Computer）」が完成しました。ENIAC は世界初の電子式汎用コンピュータとされており，プログラム内蔵式ではないものの，ケーブルの配線やスイッチの設定を変えることでさまざまなプログラムを実行できる構造になっていました。その後，プログラム内蔵式のコンピュータ「EDVAC（Electronic Discrete Variable Automatic Computer）」の設計が始まりました。

　ENIAC を開発したジョン・エッカートとジョン・モークリーは，EDVAC 開発計画においてプログラム内蔵式のコンピュータを考案しました。そして，1945 年にアメリカの数学者であるジョン・フォン・ノイマンによって数学的な裏付けが行われるとともに，論文として発表されました。これが「ノイマン型コンピュータ」として広く知られるようになりました。ノイマンの論文では，コンピュータの構成要素として，入力装置，出力装置，制御装置，演算装置，記憶装置の 5 つの主要な装置を数え上げています。また，コンピュータにて処理するデータおよびプログラムをあらかじめ記憶装置に記憶し，演算装置にてプログラムの命令を逐次的に実行するといった方式となっています。現在のコンピュータのほとんどで，この方式が採用されています。

　その後，トランジスタの開発や IC・LSI の技術の進展により，小型化・軽量化・省電力化・高性能化および低価格化が図られて，現在のパーソナルコンピュータ，スーパーコンピュータ，

組込みシステム，スマートフォンなどが普及するようになりました。

1.2　インターネットの歴史

　インターネットは世界中のコンピュータネットワークをつなげたグローバルなネットワークです。インターネットが運用されるまで，世界ではパソコン通信のほか，分散型ネットワークや情報のパケット化が考え出されていました。分散型ネットワークは，通信経路に依存しないネットワークであり，ある通信経路が機能しなくなったとしても別の経路を迂回することによって通信を継続することを可能にする考え方です。情報のパケット化は，送信するデータを小分けにすることにより，通信が一時的に寸断された場合でも，後から続きのデータを送ることを可能にする考え方です。

　インターネットの起源は，1969 年にアメリカ国防総省高等研究計画局（ARPA：Advanced Research Project Agency）が軍事目的で開始した ARPAnet であるとされています。ARPAnet は，アメリカの 4 つの大学や研究所を 24 時間常時接続されるネットワークとして運用が始まりました。その後，1980 年代には学術ネットワークとして拡大され，1990 年ごろにはアメリカ中のネットワークが相互接続されるようになりました。

　我が国においては，1984 年に東京大学，東京工業大学，慶應義塾大学間で研究用ネットワークとして構築された JUNET（Japan University/Unix NETwork）が開始されました。その後，1988 年に民間企業も参加した WIDE（Widely Integrated Distributed Environment）プロジェクトが始まり，1992 年に WIDE と民間のパソコン通信との相互接続が実現するとともに，IIJ（Internet Initiative Japan）などがインターネット接続業を開始しました。このときの技術や方式が，現在のインターネットへと受け継がれています。

　開発当初，学術用として運営されたインターネットは私的・商業的な利用を禁じられていましたが，アメリカで 1990 年にインターネットへの加入制限が撤廃され，我が国でも 1993 年に郵政省から許可を受けて商業利用が開始されました。

　1992 年，いわゆる「ホームページ」として情報を表示することを可能にした WWW（World Wide Web）が登場し，1993 年にはページ閲覧ソフトウェア（Web ブラウザ）「Mozaic」が開発され，文字だけでなく画像なども視覚的に閲覧することが可能となりました。その後，1995 年に「Microsoft Windows95」が登場し，「Internet Explorer」などの Web ブラウザが多く開発されるようになり，インターネット利用者が急激に増加しました。

　そして，パソコンそのものの低価格化，インターネット接続のためのコスト低下・常時接続の低価格化，Web アプリケーションの進歩などがあり，企業や学術機関，政府機関だけでなく家庭でもインターネットへの接続が一般的になりました。また，1999 年には NTT ドコモが i モードを開始し，携帯電話からインターネットへの接続が可能となりました。さらに，2000 年代以降，iPhone や Android などのスマートフォンが普及するとともに，LINE，Twitter，Instagram など利用者自身がいつでもどこでも情報発信できる SNS が進展してきたことにより，インターネットがより身近な存在になってきました。

❷ ビジネスと情報

　私たちの日常生活に身近なビジネスに，小売業が存在します。自給自足経済ではない日本では，消費者にとって，生活に必要な物資を小売業者から入手するのが基本です。その小売業を中心として情報技術活用の典型例2つをここで紹介します。1つはPOSシステム，もう1つはeコマース（e-commerce）です。

2．1　POSシステム

　POSはPoint Of Salesの頭文字です。販売時点と訳することができます。したがって，POSシステムは販売時点情報管理システムと専門的に呼ばれています。これは，店舗における精算時，いつ，どこで，どの品目が，いくらで，どれほどの数量売れたという販売データが把握され，蓄積されるシステムです。

　現状ではPOSシステムは，レジスター（register）で商品に付与されているバーコード（bar code）を読み取って，データを発生させ，把握しています。売場に設置されたレジスターで把握された販売データは，各店舗でストア・コンピュータに集計されます。そして，小売業者がチェーン・オペレーションを採用している場合，全店舗分のデータを本部で集計して蓄積します。

　POSシステムによって得られた販売データを分析することで，小売業者は品揃えの改善を行うことができます。売れ行きの良い商品（売れ筋），売れ行きの悪い商品（死に筋）を把握し，死に筋をカットして，売れ筋の在庫を増やす。死に筋の代わりに新商品を投入するなどの改善を図るのです。

　近年，小売業者による会員カードの発行が進みました。その結果，販売データと顧客データとを連動できるようになってきました。これは，顧客ID付きPOSデータの活用と呼ばれます。小売業者は，顧客に会員カードを発行します。その際に，顧客の年齢や居住地などの属性に関するデータを入手します。買い物時に，顧客がポイントの獲得を狙ってその会員カードを利用すると，小売業はPOSシステムでその情報を読み取り，だれが（どのような属性の顧客が）購買したのかを把握します。同時に販売データを把握しますので，両者を連動させることにより，顧客の購買履歴が把握され，顧客属性の違いによる購買パターンの分析につなげることができます。

　また，バーコードに代わって，RFID（radio frequency identification）を活用したシステムの普及が進んでいます。RFIDは電波を使った遠隔における対象物個体識別技術のことです。極小のICチップ（ICタグと呼ばれる）を商品に埋め込み，そこから商品の識別に関するデータを電波で送信させます。これをレシーバーが読み取れば，バーコードを読み取らずに，販売データを発生させて蓄積することができます。また，一度に多くのICタグの情報を読み取ることができます。そのため，精算業務のスピードが飛躍的に向上します。

2. 2　e コマース

　消費者は小売店で買い物をすることに加えて，インターネット上でも買い物をすることがあります。インターネットでの商品の入手は，e コマースに含まれます。e コマースは電子商取引と呼ばれますが，その概略を説明します。

　日本の経済産業省は，e コマースを，インターネット技術を用いたコンピュータ・ネットワーク・システムを介して商取引が行われ，かつ，その成約金額が捕捉されるものと定義しています（狭義）。ここでの取引は，物品，サービス，情報，金銭を対象としています。

　補足すると，e コマースとみなせる取引は，売買契約に関する最終指示（受発注）がインターネット上で行われるものです。受発注前の売り手と買い手との交渉（買い手による製品情報や見積もりの入手なども含む）がインターネット上で行われたとしても，受発注が対面，電話，Fax 等で行われた場合は e コマースとはみなさないことになります。また，決済はインターネット上で行われなくてもよいので，売買契約成立後，買い手が銀行振り込みで代金を支払ったり，手形を使ったりする場合でも，売買指示がインターネット上で行われる限り e コマースと考えることになります。さらに，物品の取引の場合，インターネット上で商品を買い手に届けることは不可能ですので，その配送は別途行うことになりますが，それでも e コマースとみなします。

　e コマースでは，ありとあらゆるものが取引対象になります。経済産業省は，e コマースの市場分野をデジタル系，サービス系，物販系に分けています。デジタル系は，ゲーム，書籍，音楽などに関するデジタル・データの取引を指しています。サービス系は，旅行，金融，飲食などに関する取引を指しています。物販系は，食料品，家電品，衣料品など物品の取引を指しています。

　誰と誰が取引するのかによって，e コマースを分類することができます。大きく分けると，企業と企業の間（business to business：B to B），企業と消費者の間（business to consumer：B to C），消費者と消費者の間（consumer to consumer：C to C）の取引を見出すことができます。消費者に身近な取引は B to C と C to C です。物品の B to C 取引はインターネット通販と呼ばれます。これは小売業の一種と考えられます。インターネット通販事業者は，インターネット上の web ページを通じて，商品に関する情報を買い手である消費者に提供します。消費者は，その情報を閲覧し，事業者が web ページ上に作成した画面にしたがって発注します。近年伸びているのが物品の C to C 取引です。いわゆるフリマアプリを使った取引はこれに含まれます。e コマースにおけるフリー・マーケット（flea market）は，出品者である消費者が，余剰品，中古品，手工芸品などに関する情報をインターネット上で提示し，別の消費者（購買者）がそれをインターネット上で検索して，気に入った商品に対して発注する取引形態です。

─── 第 2 章 ───

コンピュータのしくみ

❶ コンピュータにおける情報表現

1.1 アナログとデジタル

　私たちは日常生活では連続的に変化する数字を用いて物理量や状態を表現しています。このような数値表現を「アナログ」と呼んでいます。これに対し，コンピュータ内部においては，電流の有無や電圧の高低によってデータを処理しています。電圧が加わっている状態（5V）を"1"，そうでない状態（0V）を"0"として，その組み合わせによって数値を表現しています。このような数値表現を「デジタル」と呼んでいます。

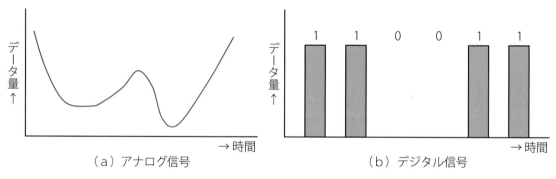

図2.1　アナログとデジタル

　アナログは，図2.1（a）にも示したとおり一度に表現できる情報量が多いことや，アナログ時計やアナログ式スピードメーターなどからわかるように直感的に数値を把握できるという特徴があります。デジタルは，図2.1（b）にも示したとおり一度に表現できる情報量は少ないものの，"1"と"0"のいずれかの値のみで処理を行うため，ノイズなどによるデータの劣化が防げること，長距離でデータを伝送しても信号の減衰による影響が少ないことなどが特徴としてあげられます。また，デジタル信号は一度に表現できる情報量は多くありませんが，高速のコンピュータを使用すればデータ処理も高速で行うことができるようになります。

1.2 ２進数と10進数

　コンピュータ内部ではデジタル信号として，"0"と"1"のいずれかの値を組み合わせてデー

タの表現を行います。このような 2 種類のデータ表現の方法を「2 進数」といいます。私たちは，通常「10 進数」と呼ばれる "0" 〜 "9" の数字の組み合わせで 10 種類データを 1 桁で表現しています。このほか，"0" 〜 "7" の数字の組み合わせでデータを表現する「8 進数」や "0" 〜 "9" の数字と "A" 〜 "F" のアルファベットを組み合わせた「16 進数」で表現する場合があります。特に，2 進数の 4 桁と 16 進数の 1 桁が対応しているため，通常は 2 進数で用いられるコンピュータ内部での処理を，16 進数に置き換えて解析する場合もあります。

表 2.1　10 進数・2 進数・8 進数・16 進数

10 進数	2 進数	8 進数	16 進数
0	0	0	0
1	1	1	1
2	10	2	2
3	11	3	3
4	100	4	4
5	101	5	5
6	110	6	6
7	111	7	7
8	1000	10	8
9	1001	11	9
10	1010	12	A
11	1011	13	B
12	1100	14	C
13	1101	15	D
14	1110	16	E
15	1111	17	F
16	10000	20	10

　コンピュータ内部で使われる 2 進数は，人間にとっては非常にわかりづらい表現です。そこで，ある進数から別の進数に置き換える「基数変換」を行います。ここでは，変換する数字がどの進数かを明確にするために，例えば 2 進数の "1010" は $(1010)_2$ と表記します。同様に 10 進数の "246" は $(246)_{10}$ と表記します。

● 2 進数から 10 進数への変換

　10 進数では，それぞれの位の数字は 10^0，10^1，10^2…という桁の重みを持っています。例えば，$(792)_{10}$ という数字は $7 \times 10^2 + 9 \times 10^1 + 2 \times 10^0$ と考えることができます。これと同じように，2 進数でもそれぞれの位の数字は 2^0，2^1，2^2…という桁の重みを持ちます。例えば，$(101)_2$ という数字は $1 \times 2^2 + 0 \times 2^1 + 1 \times 2^0$ と考えることができます（2^0 をはじめとして，n^0 は 1 です）。これを利用して，2 進数から 10 進数へ変換します。

【例】$(1101)_2$ を 10 進数へ変換する

$(\quad 1 \qquad 1 \qquad 0 \qquad 1 \quad)_2$

$= 1 \times 2^3 + 1 \times 2^2 + 0 \times 2^1 + 1 \times 2^0$

$= 1 \times 8 + 1 \times 4 + 0 \times 2 + 1 \times 1$

$= 8 + 4 + 0 + 1$

$= (13)_{10}$

※表 2.1 の内容も確認してみましょう

● 10 進数から 2 進数への変換

　2 進数から 10 進数へ変換した逆の方法でも変換可能ですが，10 進数を 2 で割り続けると簡単に変換ができます。

【例】$(13)_{10}$ を 2 進数へ変換する

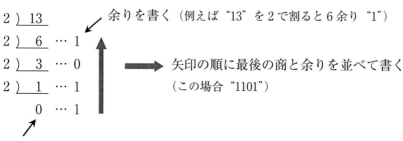

商が "0" になるまで繰り返し 2 で割り続ける

$\rightarrow (13)_{10} = (1101)_2$

● 2 進数から 16 進数への変換

　2 進数の 4 桁と 16 進数の 1 桁が対応しているので，これを利用して変換します。

【例】$(101011)_2$ を 16 進数に変換する

　下位の桁から 4 桁ずつ区切る

```
10    1011
 ↓      ↓
 2     11   ← 区切った数字ごとに 10 進数に変換する
              （10 進数の "11" は 16 進数の "B"）
 ↓
(2B)₁₆
```

$(2B)_{16}$

● 16 進数から 2 進数への変換

　16 進数 1 桁を 2 進数 4 桁に変換します。

【例】(E3)$_{16}$ を2進数に変換する

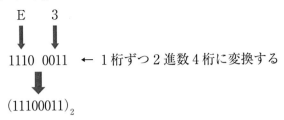

E　3

1110　0011　← 1桁ずつ2進数4桁に変換する

(11100011)$_2$

1．3　情報量の単位

　コンピュータで用いられる情報量の単位として「ビット」や「バイト」があります。ビット（bit）とはコンピュータが扱うデータの最小単位です。1ビットは2進数1桁のことであり "0" と "1" の2通りの情報が表現できます。同様に，2ビットは2進数2桁のことであり "00" 〜 "11" の4通りの情報が表現できます。8ビット（2進数8桁）を1バイト（ByteまたはB）で表します。表2.2に示すように，1バイト（8ビット）では $2^8 = 256$ 通りのデータの表現ができます。これらの単位がわかると，パソコンやスマートフォンの性能，メモリ，ハードディスクの容量が理解しやすくなります。

　バイトよりも大きな情報を表す際には，表2.3に示すような補助単位を用います。

　通常，10進数では $10^3 = 1000$ 倍ごとに k（キロ）や M（メガ）などの補助単位を用いますが，2進数においては切りの良い数字として $2^{10} = 1024$ 倍で補助単位を用います。また，2進数では 2^{10} を表す際には大文字にて "K" と記述します。

表2.2　ビットで表現できるデータ量

ビット数	データの範囲	データ量
1ビット	0 または 1	$2^1 = 2$ 通り
2ビット	00 〜 11	$2^2 = 4$ 通り
3ビット	000 〜 111	$2^3 = 8$ 通り
4ビット	0000 〜 1111	$2^4 = 16$ 通り
5ビット	00000 〜 11111	$2^5 = 32$ 通り
6ビット	000000 〜 111111	$2^6 = 64$ 通り
7ビット	0000000 〜 1111111	$2^7 = 128$ 通り
8ビット	00000000 〜 11111111	$2^8 = 256$ 通り

表2.3　データの補助単位

単位	読み方	意味	
KB	キロバイト	$10^3 = 1000$ バイト	≒ $2^{10} = 1024$ バイト
MB	メガバイト	$10^6 = 1000k$ バイト	≒ $2^{20} = 1024K$ バイト
GB	ギガバイト	$10^9 = 1000M$ バイト	≒ $2^{30} = 1024M$ バイト
TB	テラバイト	$10^{12} = 1000G$ バイト	≒ $2^{40} = 1024G$ バイト
PB	ペタバイト	$10^{15} = 1000T$ バイト	≒ $2^{50} = 1024T$ バイト

❷ コンピュータのハードウェアとソフトウェア

2.1 コンピュータのハードウェア

　コンピュータは「入力装置」,「出力装置」,「記憶装置」,「演算装置」,「制御装置」の5つの装置から構成されます。これをコンピュータの5大装置と呼んでいます（図2.2）。入力装置はデータを入力する装置で, キーボード, マウス, スキャナなどがこれにあたります。出力装置はデータを出力する装置で, モニタ（ディスプレイ）, プリンタなどがこれにあたります。記憶装置はプログラムやデータを記憶する装置で, メインメモリ（主記憶装置）と補助記憶装置に分けることができます。演算装置はプログラムに記述された命令に従って計算を行う装置です。制御装置はプログラムを解釈して各装置を制御する装置です。制御装置と演算装置を合わせてCPU（中央処理装置）と呼ばれます。

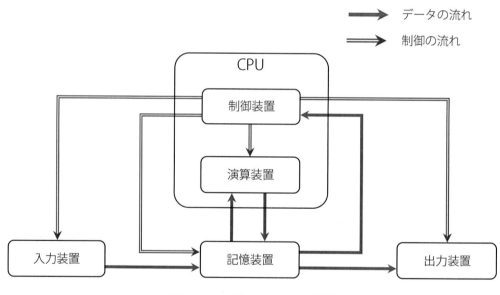

図2.2　コンピュータの5大装置

　コンピュータの処理速度は, CPUの性能に大きく依存します。例えば, 32ビットCPUは一度に処理できるデータ量が32ビット, 64ビットCPUは一度に処理できるデータ量が64ビットとなります。CPUのビット数が大きければ, 処理能力も高いと考えることができます。CPUの性能を評価する指標に「クロック周波数」があります。CPUは, 各装置の動作タイミングを取るための周期的な信号（クロック）を発振しています。クロック周波数は, 1秒間に発振するクロック数を表します。クロック周波数が大きければ, 処理速度も速いと考えることができます。クロック周波数の単位は「Hz（ヘルツ）」で表され, 1000Hzを「1kHz（キロヘルツ）」, 1000kHzを「1MHz（メガヘルツ）」, 1000MHzを「1GHz（ギガヘルツ）」で表すことができます。

　記憶装置はメインメモリ（主記憶装置）と補助記憶装置に分けることができます。メインメモリには DRAM（Dynamic Random Access Memory）が使われています。DRAM をはじめとする RAM は，電源を切ると記憶されている内容が消去される性質（揮発性）を持っています。このほか，コンピュータ内部のメモリには，CPU とメインメモリのアクセス速度の違いを吸収するキャッシュメモリ，ディスプレイに表示する画像データを一時的に記憶する VRAM などがあります。

　補助記憶装置にて記憶されるメディアを記憶媒体と呼びます。代表的な記憶媒体として，磁気ディスク，SSD，光ディスク，フラッシュメモリなどがあります。

　磁気ディスクは，表面に磁性体を塗布した複数枚ある円盤上の金属にデータを書き込む媒体です。代表的な磁気ディスクとしてハードディスクがあります。ハードディスクの記憶容量は数 10G バイト〜数 T バイトのものもあります。

　SSD（Solid State Drive）は半導体メモリをディスクドライブのように扱うことができる補助記憶装置です。使用用途は磁気ディスクと同様ですが，比較的衝撃に強く，発熱や消費電力が少ない，高速で読み書きできる，作動音がないといった特徴があります。ただし，現時点では記憶容量が少ない，容量に対しての価格が高いといった弱点もあります。

　光ディスクはレーザ光を利用してデータの読み書きを行う記憶媒体です。光ディスクには CD-ROM，CD-R，CD-RW，DVD-ROM，DVD-R，DVD-RW，Blu-ray などがあります。CD-ROM は読み出し専用の記憶媒体で，記憶容量は約 650M バイト程度です。もともとは音楽用の記憶媒体として利用されたものです。CD-R は読み込みのほかに一度だけデータの書き込みが可能な記憶媒体です。書き込んだデータは読み込み専用となります。記憶容量は 650M バイトまたは 700M バイト程度です。CD-RW はデータの読み書きが可能な記憶媒体で，約 1,000 回の書き換えが可能です。記憶容量は 650M バイトまたは 700M バイト程度です。DVD-ROM は読み出し専用の記憶媒体で，記憶容量は片面 1 層が 4.7G バイト，片面 2 層が 8.5G バイト，両面 1 層が 9.4G バイト，両面 2 層が 17G バイトです。もともとは映像の記憶媒体として利用されたものです。DVD-R は読み込みのほかに一度だけデータの書き込みが可能な記憶媒体です。書き込んだデータは読み込み専用となります。記憶容量は片面 3.9G バイトまたは 4.7G バイトです。DVD-RW は CD-RW 同様にデータの読み書きが可能な記憶媒体で，約 1,000 回の書き換えが可能です。記憶容量は片面 4.7G バイトです。Blu-ray はソニー，松下電器産業など 9 社が共同策定した次世代 DVD で，記憶容量は 50G バイトまたは 100G バイト以上の媒体もあります。大容量の媒体であることから，ハイビジョンなどの高品質な映像の記憶などにも用いられています。

　フラッシュメモリは，電源を切っても内容の保持が可能な半導体の記憶媒体です。代表的な記憶媒体として，USB メモリのほか，SD メモリカード，コンパクトフラッシュ，メモリスティックなどがあります。USB メモリはコンピュータに接続するコネクタと一体化しているため利用率が高い記憶媒体です。パソコンでのデータの保存や交換などによく用いられています。その他のメモリカードはデジタルカメラや携帯電話などのデータの保存などに用いられています。いずれも，記憶容量は 256M バイト〜 32G バイト以上のものもあります。

2.2　コンピュータのソフトウェア

　コンピュータを動作させるためのプログラム，データ類をソフトウェアと呼びます。JIS情報処理用語においては「情報処理システムのプログラム，手続き，規則及び関連文書の全体又は一部分」と定義しています。ソフトウェアは，システムソフトウェアとアプリケーションソフトウェア（応用ソフトウェア）から構成されます。

　システムソフトウェアは，コンピュータのハードウェアやアプリケーションソフトウェアを管理し，コンピュータを効率的に動作させるソフトウェアです。システムソフトウェアは，基本ソフトウェアとミドルウェアに分けることができます。基本ソフトウェアはコンピュータの5大装置である入力，出力，記憶，演算，制御の各装置を効率的に動作させるソフトウェアです。例として，表2.4に示すようなOS（オペレーティングシステム）があります。

　OSの機能としては，メモリ管理，資源管理（CPU，メモリ，ハードディスクなど），入出力管理，ファイル管理，ユーザ管理，タスク管理などがあります。

表2.4　主なOSの種類

種　類	説　明
MS-DOS	Microsoft社が開発したパソコン向けの16ビットのOS。CUI（Character User Interface）で動作し，コマンドプロンプトにコマンドを与えて操作を行う。
Microsoft Windows	Microsoft社が開発したパソコン向けのOS。32ビット版や64ビット版もあり，GUI（Graphical User Interface）操作環境で動作し，マルチタスク，マルチウィンドウで動作する。
Mac OS	Apple社が開発したMacintoshパソコン向けのOS。パソコンでは初のGUI環境に対応したOSである。
UNIX	ベル研究所にて開発されたワークステーション用のOS。マルチタスクやマルチユーザ機能を実現し，パソコンだけでなく，スーパーコンピュータや情報家電などにも用いられている。
Linux	UNIX互換のOSで，オープンソフトウェアとして公開され，一定の条件を満たせば誰でも自由に改変・再配布することができる。インターネット上のサーバだけでなく，デジタル家電や組込み機器のOSとしても多く用いられている。
TRON	東京大学坂村健氏を中心としたプロジェクト（TRONプロジェクト）により開発された組込みリアルタイムOS。仕様が公開されていて，誰でも自由に実装や商品化ができる。自動車や産業機器などの組込みシステムなどでも多く用いられている。
Android	Google社が開発したスマートフォンやタブレット向けのOS。2018年現在，スマートフォン向けのOSとしては，世界シェア1位である。最近ではテレビや自動車などにも適用されている。
iOS	Apple社が開発したiPhone，iPad，iPod向けのOS。海外と比較して，日本国内では多く利用されているOSである。

　ミドルウェアは，OSとアプリケーションソフトウェアの間で動作し，OSの機能を利用しながらアプリケーションソフトウェアやユーザが共通で利用できる基本的な処理機能を提供します。例として，データベース管理システム（DBMS），通信管理システム，ソフトウェア開発支援システム，運用管理ツールなどがあります。

　アプリケーションソフトウェアは，特定の目的や業務で利用されるソフトウェアです。アプリケーションソフトウェアは，共通アプリケーションソフトウェアと個別アプリケーションソフトウェアに分けることができます。共通アプリケーションソフトウェアは，多様な業種や業態に共通に使用されるソフトウェアです。例として，ワープロソフト，表計算ソフト，プレゼンテーションソフト，CAD ソフト，グラフィックソフト，統計分析ソフトなどがあります。個別アプリケーションソフトウェアは，特定の業種や業態を対象に用いられるソフトウェアで，共通アプリケーションソフトウェア以外のすべてのソフトウェアを表します。例として，交通管制システム，気象情報システム，病院情報システムなどがあります。私たちが個人的に作成するプログラムも，個別アプリケーションソフトウェアに該当します。

—— 第 3 章 ——

インターネットと情報倫理

❶ インターネットとは

　インターネットとは世界中のコンピュータネットワークを相互に接続した巨大なネットワークと考えることができます。インターネットを利用することによって，世界中のコンピュータと情報の共有を行うことができます。インターネットは，もともとは研究機関などが学術的な情報交流を行うために生まれたものです。そして，それぞれの研究機関はコンピュータネットワークを専用線にて相互接続し，利用の手続きや管理などはネットワークを運営する人がボランティアで行ってきました。しかし，多くの企業や個人利用者などがインターネット利用を希望するようになってきたため，これまでのボランティアによる運営では管理が困難となり，ISP（Internet Service Provider）と呼ばれる接続業者が生まれました。一般ユーザがインターネットのサービスを受けるためには，ISP と契約する必要があります。ISP はインターネットへの接続のほかに，電子メール，ネットニュース，Web ページの公開などのサービスを提供しています。ISP によっては，このほかにドメインの取得代行，ウイルスチェックなども行っています。

❷ インターネットのしくみ

2.1　インターネットにおけるプロトコル

　ネットワークに接続されたコンピュータ間でデータのやりとりをするには，それぞれのコンピュータを決められた約束事にしたがって接続する必要があります。この約束事を「プロトコル」と呼びます。例えば，私たちが携帯電話で通話しようとするとき，①相手の電話番号や通話ボタンを押す，②相手が電話に出るのを待つ，③相手が出たら会話をする，④会話が終わったら電源ボタンを押す，というような約束事があります。インターネットにおいてはデータのやりとりを行うために「TCP/IP」というプロトコルが利用されています。TCP/IP を利用することで，異なる種類のコンピュータ（Windows マシン，Macintosh，UNIX マシンなど）でもデータのやりとりを行うことができます。

　TCP/IP では，通信データを一定の大きさ（パケット）に分割して送受信します。送信側では，まずデータをパケットに分割します。そして，分割されたそれぞれのパケットに送信先（宛

先），送信元（差出人），データを元に戻すための番号（シーケンス番号）などの情報を付け加え
ます。この情報のことを「ヘッダ」と呼びます。ヘッダの付いたパケットは回線上で通信され
ますが，データをパケットとして分割することによって複数のデータを同時に回線上でやりと
りすることができるようになります。なお，パケットが複数のネットワークを経由する場合，
ネットワークの中継地点で「次の経由地」を示す情報もヘッダに付加されます。

　受信側では，送られてきたパケットのヘッダを確認し，送信先が自分宛てであればそのパケ
ットを受け取ります。そして，ヘッダのシーケンス番号をもとにデータを順番通りにして，ヘ
ッダを外してデータを元通りに組み直します。このとき，何らかの理由で受信したパケットが
壊れていたり，パケットが届いていなかったりした場合には，送信元に「再送要求」を行いま
す。このようにして，データを確実に相手に送信することができます。これは TCP/IP におけ
る「TCP プロトコル」によって実現され，インターネットにおける WWW，電子メールなど
で用いられています。なお，TCP プロトコルの他に「UDP プロトコル」もありますが，こち
らはパケットの再送は行われません。UDP プロトコルは IP 電話やストリーミングなど，デー
タを確実に送るよりも通信の速さを重視する場合に用いられます。

2.2　通信相手を識別するアドレス

　ネットワークに接続されたコンピュータには，相手を識別するための住所のようなものが必
要となります。TCP/IP においては「IP アドレス」を用いてコンピュータを識別します。IP
アドレスは 32 ビット（32 桁）の 2 進数（“0” と “1” の組み合わせ）で構成されます。通常は，
人間が扱いやすいように 8 ビットずつ 10 進数に変換してピリオド（“.”）で区切って記述しま
す。ピリオドで区切られた部分は，0 〜 255 の 256 種類の 10 進数が入ります。例えば，首相
官邸の WWW サーバの IP アドレスは「202.214.194.138」となります。

　しかし，IP アドレスは数字の羅列であるため，人間が理解したり覚えたりするのはなかな
か難しいものです。そこで，人間が理解しやすいよう，アルファベットや数字からなる文字列
がコンピュータに付けられ，IP アドレスに対応させるシステムが考えられました。この文字
列が「ホスト名」と呼ばれるものです。例えば，首相官邸の WWW サーバのホスト名は「www.
kantei.go.jp」となります。IP アドレス，ホスト名ともにコンピュータを識別するための住所
のようなものであるため，インターネット上には同じホスト名や IP アドレスは存在せず，そ
れぞれ異なるものを割り振る必要があります。

　なお，インターネット上のネットワークの名前を表す文字列として「ドメイン名」がありま
す。例えば，首相官邸のドメイン名は「kantei.go.jp」となります。これは，日本（jp）にある
政府機関（go）の官邸（kantei）のネットワークという意味です（図 3.1）。

2.3　クラウドコンピューティング

　クラウドコンピューティングとは，コンピュータのソフトウェアやハードウェアの機能をイ
ンターネット上にある大量のサーバに移行し，必要な時に必要な分を利用するというコンピ
ュータの利用形態をいいます。また，クラウドとは「雲（Cloud）」のことであり，ユーザは雲

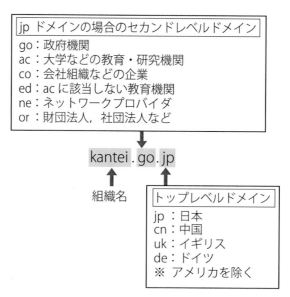

図3.1 ドメイン名の構造

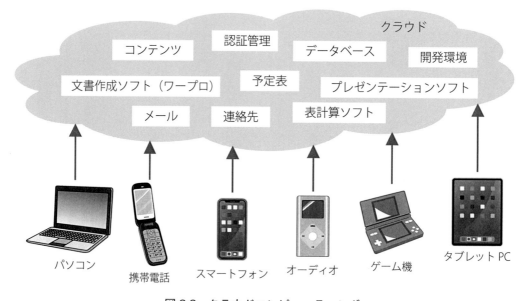

図3.2 クラウドコンピューティング

（＝インターネット）の中にあるサーバを利用してサービスを受けるというイメージから，この名前がついたとされています。特に，ユーザはインターネットのサービスを利用するとき，通常はどのサーバからのサービスなのか，サーバ間でどのようなやりとりがされているのか意識することはありません。このように，ユーザが雲（クラウド）の中を意識することなく，さまざまなサービスを受けることが可能となったのがクラウドコンピューティングなのです（図3.2）。

❸ インターネット利用におけるモラルとマナー

3.1　ネチケット

　インターネットは世界中の人々が利用しています。インターネットは身近でとても便利な反面，色々な危険なこともたくさんあります。インターネットによるコミュニケーションは，相手の表情がわからないため，思わぬトラブルに巻き込まれることもあります。したがって，実世界で気をつけるマナーと同様にインターネット上でも十分に気をつけなければならないマナーがあります。ネットワーク上で守るべきマナーを「ネチケット」(Network Etiquette) と呼んでいます。

3.2　ネットいじめ

　インターネット上で行われるいじめを「ネットいじめ」と呼びます。ネットいじめには，電子掲示板にて誹謗・中傷を書き込んだり必要以上に他人の個人情報を晒したりするもの，ブログや Twitter などで特定の人物を攻撃した書き込みを行うもの，電子メールなどで噂話を流したり他人になりすまして嫌がらせのメールを送信するなど，色々方法があります。

　最近では LINE も普及しており，メッセージを受信してからすぐに返信しないと「既読無視」といわれて，仲間外れにされることもあります。また，LINE におけるグループでの特定の人物を強制的に退会させる「LINE 外し」や，グループに1人だけ残して別のグループを立ち上げる方法なども行われているようです。これらの行為は，被害者に精神的な苦痛を与える大変悪質な行為といえます。

　インターネットでも実世界同様に，いじめは絶対に許される行為ではありません。もし，ネットいじめの被害に遭ったり，見かけたりした場合は家族や先生，学生相談室などにも相談して多くの人たちと一緒に解決できるようにすることが大切です。

　ネットいじめだけでなく，インターネット上でストーカー行為を行う「ネットストーカー」も問題になっています。ネットストーカーの被害としては，大量にメールなどのメッセージを送りつけられたり，勝手に私生活や個人情報をネット上に公開されたり，被害者になりすましてネット上で勝手に発言をするなど，多くの手口があります。ネットストーカーもネットいじめ同様に許される行為ではありません。被害に遭ったり見かけたりした場合は，家族や先生，学生相談室などに相談することはもちろんですが，悪質な場合は警察に届けることも視野に入れましょう。ネットストーカーは，内容によっては「ストーカー規制法」による処罰の対象となる場合もあります。

3.3　情報の信憑性

　インターネットを利用することで，必要な情報をすぐに収集することができるようになりました。ただし，インターネット上のサイトに記載されている内容が，常に正確とは限りません。特に，個人やグループで運営・管理している Web サイトや SNS，だれでも記事の作成や編集

のできるサイトでは，個人の主観や思い込みで情報を発信することも可能です。また，利用者を混乱させるために，不確かな情報だけでなく嘘の情報を意図的に公開することも可能です。さらに，永久にその内容がインターネットで公開されているとは限らず，再度確認しようとしたときに内容が変更されていたり，URL が変更されていたり，ページそのものが削除されている可能性もあります。

　インターネット上の百科事典である Wikipedia は，いつでも誰でも記事の作成や編集ができるため，記事が常に新しく，詳細な情報も収集することが可能です。しかし，Wikipedia は個人の主観や思い込みで記事が書かれるだけでなく，誰も編集していないページについては古い情報のまま掲載されている，逆に多くの人が編集しているため今日閲覧した内容が明日も同じとは限らないといったことも考えられます。

　オンラインショップにおけるカスタマーレビューやグルメサイトなどのいわゆる「口コミサイト」には，店側からの一方的な情報だけでなく，実際に利用した人の視点で記事が書き込まれています。しかし，口コミを装って実際にはその口コミから商品が購入されるとアフィリエイト料金が支払われる「やらせ広告」システムや「やらせ業者」，さらにライバルの店が意図的に他の店に対して悪い記事を書き込むといった問題も指摘されています。

　インターネット上には信憑性の欠ける情報もありますので，発信者の素性を確認したり，複数の Web サイトの情報を確認したり，情報の元となる文献などの内容を確認するなどして，情報の真偽を見定める能力を身につけることが重要です。

3.4　発信する情報に対する責任

　最近は Web サイトの公開以外にも，電子掲示板への書き込み，ブログなど SNS での日記の公開，Twitter でのつぶやき，Instagram での写真の公開など，インターネットにて情報を発信する方法が多くあります。インターネットは世界中に接続されたネットワークであるため，発信された情報は全世界に伝搬されている可能性があります。したがって，発信者が想定していた受信者以外にも情報が伝わる可能性があります。

　インターネット上の情報は誰でも簡単に取得することもできますし，複製することもできます。このため，発信者の意図しないところで情報が拡散したり，悪用されたりすることもあります。また，いったん拡散した情報を消去することはほぼ不可能ですから，情報を発信する際には十分な注意が必要です。

　SNS によっては，「友人まで公開」，「友人の友人まで公開」というように，情報によって公開範囲を設定することができます。ただし，「友人まで公開」と設定した場合でも，友人がその情報を全体に公開した場合は，「全体に公開」にしたのと同じことになります。また，個人情報を公開しなかった場合でも，公開した情報を組み合わせたり，他人からのフォロー記事の内容から推測したりすることで，個人が特定できる場合もあります。

　情報を発信する際には，その情報が著作権や肖像権を侵害していないこと，他人のプライバシーを侵害していないこと，他人の悪口や差別発言が含まれていないこと，虚偽の情報や有害な情報が含まれていないことについても十分な確認が必要です。

　不必要に情報を発信することによって，思わぬトラブルに巻き込まれるだけでなく，将来にわたって不利益を被ることもありますので，責任を持って情報発信することが大切です。

 インターネットと法律

4.1　知的財産権
　知的財産権とは，人間の知的な創作物の利益を保護する権利です。図3.3に示すように，知的財産権は複数の権利によって構成されています。

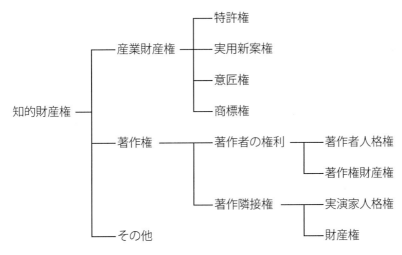

図3.3　知的財産権

　知的財産権は，かつて工業所有権とも呼ばれていた「産業財産権」と「著作権」に大別することができます。特許権とは，自分の発明を他人に盗まれないようにする権利で，その発明を公開することで技術の進歩を促進して産業の発達に寄与するものです。実用新案権とは，物品の形状，構造などのアイデアを保護する権利であり，保護の目的は特許権と同じです。意匠権とは，物品の外観（デザイン）を保護する権利であり，意匠の創作を奨励して産業の発達に寄与するものです。商標権とは，商品名やロゴマークなどの識別標識を保護する権利であり，企業の努力によって得たブランドイメージや消費者の信用を守るものです。産業財産権は，特許庁に申請したり登録したりすることで権利を得ることができます。
　著作権は，小説，音楽，絵画，映画などの文化の発展にかかわる知的財産を保護するもので，産業財産権と異なり届け出が不要で，創作した時点で権利が発生し著作権者となります。著作者人格権は，著作者の人格的な利益を保護するための権利であり，譲渡や相続を行うことはできません。著作権財産権は，財産的な利益を保護する権利であり，一部または全部を譲渡することができます。著作物を保護する期間は，著作者の死亡した翌年から50年，映画の著作物においては70年とされています。著作隣接権は，歌手，演奏家，俳優などの実演家やレコード製作者，放送事業者などの著作物の伝達者に対して発生する権利です。

表3.1　著作権の種類と内容

名　称		内　容
著作者人格権	公表権	著作物を公表するか否かを決める権利
	氏名表示件	著作者名（ペンネームなども含む）を表示するか否かを決める権利
	同一性保持権	著作物の内容や題号を無断で改変・削除されない権利
著作権財産権	複製権	著作物の複製（印刷・コピー・撮影・録音・録画・模写など）を許諾する権利
	上映権・演奏権	著作物を上映・演奏する権利（コンピュータでの演奏や録音物の再生も含まれる）
	公衆送信権	著作物をテレビ・ラジオ・有線放送・インターネットなどで発信する権利
	口述権	著作物を口述する権利（小説などの朗読なども含まれる）
	頒布権	映画の複製物を譲渡または貸与する権利
	譲渡権	映画を除く著作物または複製物の販売を許諾する権利
	貸与権	映画を除く著作物の複製を貸与する権利（CD レンタルなど）
	翻訳権・翻案権	著作物の翻訳・編曲・脚色・映画化などを行い，二次的著作物の作成を許諾する権利
	展示権	美術品や写真を展示する権利

　他人の著作物を著作権者に無断で複製することは，著作権の侵害となります。例えば，音楽 CD や DVD などのデータを私的利用の範囲を超えて複製すると複製権を侵害したことになります。コンピュータのソフトウェアプログラムも知的財産権で保護されているものがあります。バックアップの作成など限られた範囲を超えて複製すると権利の侵害となります。フリーソフトについても，複製可能な範囲を超えてコピーすると権利の侵害になりますので，あらかじめ確認が必要です。

　インターネットにおいても，写真，イラスト，音声データなどの他人の著作物を無断で公開した場合は，著作権の侵害となります（ただし，著作権フリーのものを使うことについては問題ありませんが，その場合も利用条件などの確認が必要です）。また，自分が撮影した写真でも，その写真に他人の著作物が写っているものを Web ページに掲載すると著作権の侵害となる場合があります。

　レポートや論文を作成する際に，文献など他人の著作物を引用することが可能ですが，引用可能な範囲についても著作権法で定められています。引用と認められるためには，次に示す条件を満たす必要があります。

① 引用部分を明示すること
　自分が書いたオリジナルな文章と引用文を明確に区別する必要があります。
② 引用元を明示すること
　著者名・書名・発行年・出版社名など引用元を示す必要があります。
③ 引用するにあたり，正当な理由があること
　報道・批評・研究など，引用に正当な理由がなければなりません。

④　正当な範囲内であること

自分で書いた文章が主で，引用文が従の関係である必要があります（引用文が自分で書いた文章よりも長くなるようなことがあってはなりません）。

著作権の侵害は，10 年以下の懲役または 1,000 万円以下の罰金（著作者人格権や実演家人格権の侵害などは，5 年以下の懲役または 500 万円以下の罰金）などが定められています。

4.2　個人情報保護法

個人情報とは，氏名，住所，生年月日，電話番号，勤務先など個人を特定できるさまざまな情報のほか，他の情報と組み合わせることによって個人を特定できる情報を「個人情報」といいます。

表 3.2　個人情報の例

基本的事項	氏名・住所・性別・生年月日・年齢・国籍
家庭生活等	親族関係・婚姻歴・家庭状況・居住状況
社会生活等	職業・職歴・地位・役職・学業・学歴・資格・賞罰・成績・評価・趣味
経済活動等	資産・収入・借金・預金・カード決済などの信用情報・納税額

次に示す個人情報は基本的に非公開であり，事業者などは収集が禁止されています。

・思想・信条・宗教・人種・本籍地・病歴・犯罪歴など社会的差別の原因になる事項
・勤労者の団結権・団体交渉など団体行動に関する事項
・集団示威（デモ）への参加・請願権の行使など政治的権利の行使に関する事項
・保険医療や家庭生活などに関する事項

我が国では「個人情報の保護に関する法律」（通称「個人情報保護法」）が制定され，国や地方自治体のほか，個人情報を取り扱う民間企業においても，個人情報を保護する法的責任を負うようになりました。

4.3　不正アクセス禁止法

アクセスを制限されたコンピュータに対して，不正な手段でアクセスすることを「不正アクセス」と呼びます。不正アクセスに対しては 2000 年に施行された「不正アクセス禁止法」という法律により，処罰の対象となります。不正アクセスとは，主に次のような行為をいいます。

・他人のユーザ ID やパスワードを無断で使用してコンピュータにアクセスすること
・セキュリティホールを悪用してコンピュータにアクセスすること
・他人のユーザ ID やパスワードを無断で第三者に提供すること

この法律は 2012 年に改正され，フィッシング詐欺のようなユーザ ID やパスワードを不正

に入手する行為も禁止されるようになりました。例えば，学校のコンピュータ室などで自分の
パスワードを忘れたときに，他人のパスワードを使用して無断でコンピュータにアクセスする
ことも不正アクセスになるので注意が必要です。

　不正アクセスを行うと，3年以下の懲役または100万円以下の罰金（不正アクセスを助長する
行為においては1年以下の懲役または50万円以下の罰金）が科せられることになります。

4.4　その他の権利

　インターネット利用に関わる権利として，代表的なものに肖像権，パブリシティ権，プライ
バシー権や名誉毀損などがあります。

　肖像権は，自分の写真などの肖像を他人に撮影されたり使われたりしない権利です。無断で
他人の顔写真などをインターネット上に掲載して公開すると，肖像権の侵害となります。また，
風景写真をインターネットなどで公表した際に知らない人が写っていた場合も，個人が特定で
きるような場合は肖像権を侵害したことになるので注意が必要です。

　パブリシティ権は，芸能人やスポーツ選手など有名人の顔や姿などの経済的利益を保護する
権利です。有名人の写真をこっそり撮影したり，撮影禁止のコンサート会場で歌手の写真を撮
影したりして，その写真を無断でインターネットなどに公表すると肖像権だけでなくパブリシ
ティ権の侵害となるので注意が必要です。パブリシティ権を侵害する行為は，民法上の不法行
為として，損害賠償の対象となります。

　プライバシー権は，個人が平穏な生活を送るために，個人の私的な領域に対して他人に無断
で立ち入らせない権利です。最近では，個人情報保護法にも規定されている「自分自身の情報
を管理する権利」も含まれています。次に示す内容をすべて無断で公開すると，プライバシー
の侵害となる場合があります。

・私生活での事実または事実と受け止められる恐れのある事柄
・一般人の感受性を基準として，その立場に立った場合に公開して欲しくないと認められる情報
・一般人に未だ知られていない事柄

　名誉毀損とは，他人の名誉を傷つける行為をいいます。雑誌，新聞紙やテレビだけでなく，
インターネット上で，他人の社会的評価を低下させる危険を生じさせるような情報を公開する
ことは名誉毀損にあたります。名誉毀損が認められた場合は，民法により金銭による損害賠償
や，謝罪記事の掲載による名誉回復措置を行わなければならない場合があります。悪質な場合
は，刑法による名誉毀損罪や侮辱罪，脅迫罪などの犯罪となる場合があります。

　ただし，他人の批判が一切できないということは，日本国憲法で定められた「言論の自由」
に反する場合もあります。そこで，次に該当する場合は名誉毀損が成立しないとされています。

・公共の利害に関する事実について
・もっぱら公益を図る目的に出た場合で
・提示した事実が真実であると証明されたとき

　なお，インターネットにて匿名で他人の名誉を傷つける情報を公開した場合，その情報が名誉毀損にあたると認められれば，裁判手続きを通じて記事が書き込まれた掲示板や Web サイトのプロバイダーに対して，IP アドレスの開示が求められます。IP アドレスが判明したら，書き込みをした発信者の接続プロバイダーに対して発信者の住所や氏名などの情報開示を求める裁判を起こすことになります。インターネットの匿名掲示板や，本名を提示していないサイトであっても，情報の発信には十分な注意が必要です。

❺ 情報セキュリティ

5.1　コンピュータウィルス（マルウェア）

　コンピュータウィルスをはじめとして，スパイウェア，ボットなど，悪意のあるプログラムの総称を「マルウェア」と呼んでいます。

　コンピュータウィルスは，他のプログラムやデータに寄生して不正な動作をするソフトウェア（プログラム）です。コンピュータウィルスは，他のソフトウェアに感染してから一定の条件が成立するまで潜伏した後に発病するという，生物へのウィルス感染と似ていることから，このように呼ばれています。コンピュータウィルスには，ソフトウェアに寄生しないで自分自身の複製をコピーして増殖する「ワーム」や，有益なソフトウェアに見せかけて知らない間に不正な行為を行う「トロイの木馬」と呼ばれるものもあります。

　スパイウェアは，利用者や管理者の意図に反してインストールされ，利用者の個人情報やアクセス履歴などの情報を不正に収集するプログラムです。ソフトウェアに感染して不正な動作を行う点ではコンピュータウィルスと同様ですが，スパイウェアは不正に情報を収集して外部に送信する機能も持つので，情報漏洩の危険もあります。

　ボットは，ソフトウェアに感染して，感染したコンピュータをネットワーク経由で外部から不正に操作することを目的としたプログラムです。ボットに感染したコンピュータは，外部からの指示に従って不正な操作を行います。

　マルウェアに感染すると，情報漏洩，悪意あるサイトへの誘導や他のマルウェアのダウンロード，サーバへの大量のデータ送信による一斉攻撃（DDoS 攻撃），ウィルスメールの大量送信や差出人アドレスの詐称などの被害が起こります。

　被害を防ぐためには，Windows Update などで OS を最新の状態にすることによる脆弱性の解消，ウィルス対策ソフトウェア（ワクチンソフト）のインストールや最新版への更新，ファイアウォールの設定，Web ブラウザのセキュリティ設定などが有効です。さらに，インターネットにアクセスする際には不審なサイトには近づかない，プログラムを安易にダウンロードしたりインストールしたりしない，個人情報をむやみに入力しないといった対策も重要です。

5.2　フィッシング詐欺

　フィッシング詐欺とは，巧妙な文面のメールなどを用いて，実在する企業（金融機関やオンラインショップなど）の Web サイトを装った偽の Web サイトに利用者を誘導して，クレジッ

トカード番号，ID，パスワードなどの機密情報を盗み取る不正行為です。

　フィッシング詐欺の被害としては，騙されて入力した情報をもとにオンラインショップの Web サイトでクレジットカードを不正使用されたり，オンラインバンクの Web サイトに不正アクセスされたりするなどが考えられます。

　フィッシング詐欺に遭わないためには，メールの送信元（差出人）を安易に信用しないこと，メールの内容を安易に信用しないこと，メール本文中のリンクを安易にクリックしないこと，入力前に本物の Web サイトかどうか確認すること，といったことが重要になります。

５．３　スパムメールとチェーンメール

　スパムメール（迷惑メール）とは，宣伝や勧誘，嫌がらせなどの目的で不特定多数に対して大量に送信されるメールをいいます。迷惑メールを規制するために「迷惑メール関連法」が制定され，宣伝や勧誘のメールを送信する際には「未承諾広告※」という表示や，送信者の名前，住所などを表示することが義務づけられました。また，迷惑メールの受信を拒否する人に対して送信してはならないことや架空の電子メールの送信も禁止されました。2008 年に法改正が行われ，あらかじめ同意した人に対してのみ宣伝メールの送信が認められるようになりました。

　スパムメールへの対策としては，無視をして削除することが重要となります。また，携帯電話やスマートフォンに届いた場合は，設定により着信拒否を行うことも可能です。

　チェーンメールは，「不幸の手紙」のように文書の転送を強要したり促したりする内容が含まれたメールをいいます。チェーンメールが届いた場合は，返信や転送を行わないことが重要となります。

— 第 4 章 —

Microsoft Windows の基本操作

❶ Windows10 の画面構成

1．1　Windows10 の起動

　パソコンの電源を入れるとトップ画面が表示されます。ユーザ ID（アカウント）とパスワードを入力します（パスワードは文字で表示されないので，間違えずに入力しましょう）。このとき，大文字と小文字が区別されることにも注意しておきましょう（キーボードの NumLock が設定されていることも確認しておきましょう）。ユーザ ID とパスワードの入力が完了すると，デスクトップ画面が表示されます（図 4.1）。

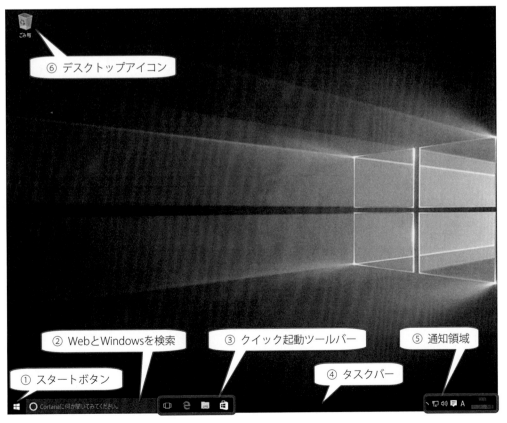

⑥ デスクトップアイコン

② Web と Windows を検索

③ クイック起動ツールバー

⑤ 通知領域

① スタートボタン

④ タスクバー

図 4.1　Windows10 のデスクトップ画面

デスクトップ画面に表示されるものは次の通りです。

① スタートボタン

アプリケーションの起動，ファイルやフォルダの一覧を表示するためのエクスプローラの起動，Windows の環境設定，Windows の終了処理などを行います。

② Web と Windows を検索

ここにキーワードを入力すると，パソコンのファイルやフォルダ，もしくはインターネット上からキーワードに関連するものを表示させます。

③ クイック起動ツールバー

よく使うアプリケーションが表示され，クリックするとアプリケーションやエクスプローラが起動します。後から追加することも可能です。

④ タスクバー

現在起動中のアプリケーションに対応したアイコンが表示されます。複数のアプリケーションを起動しているときに，そのアイコンをクリックするとデスクトップの最前面に表示されます。タスクバーの中に，図の①～⑤も含まれています。

⑤ 通知領域

ネットワークの接続（LAN や Wi-Fi など），スピーカーの音量，文字入力モードなどが表示されます。"∧" をクリックすると，例えばパソコンから USB メモリなどを取り出す際に必要となる「ハードウェアを安全に取り外してメディアを取り出す」やワクチンソフトなどの常駐プログラムを制御することができます。

⑥ デスクトップアイコン

ファイルやフォルダのほか，アプリケーションへのショートカットなどのアイコンが表示されます。ダブルクリックするとファイルやフォルダが開いたり，アプリケーションが起動したりします。初期設定では，削除したファイルなどを一時的に格納する「ごみ箱」のみが表示されます。

スタートボタンをクリックすると，スタートメニューが表示され，アプリケーションなどを起動することができます（図 4.2）。また，Windows のシャットダウン（電源を切る）や，再起動もできます。

Windows を終了し，パソコンの電源を切るには「電源」を選択します。電源を選択すると，「スリープ」，「シャットダウン」，「再起動」を選択することができます。「スリープ」は，コンピュータの動作を停止させて節電状態にすることです。シャットダウンとは異なり，停止前の状態からすぐに再開することができます。「シャットダウン」は，Windows を終了し，パソコンの電源を切ります。「再起動」は，コンピュータが自動的にパソコンの電源をいったん切ってから再び起動させます。

図 4.2　スタートボタン

❷ アプリケーションの起動と終了

2.1　アプリケーションの起動

　アプリケーションを起動するには,「スタートボタン」をクリックします。「よく使うアプリ」に登録されていない場合は,「すべてのアプリ」を選択します。例えば, テキスト文書を作成・編集するための「メモ帳」を起動するには「Windows アクセサリ」→「メモ帳」の順に選択します。選択すると「メモ帳」が起動します (図4.3)。

　アプリケーションを起動すると, 次の内容が表示されます。

① アプリケーションボタン

　アプリケーションを表すイラストが表示されるとともに, アプリケーションの終了, 最小化や最大化を選択することができます。

② タイトルバー

　アプリケーションの名前が表示されるとともに, 処理中のファイル名も表示されます。最大化していない状態でタイトルバーをドラッグすると, デスクトップ上で自由に移動させること

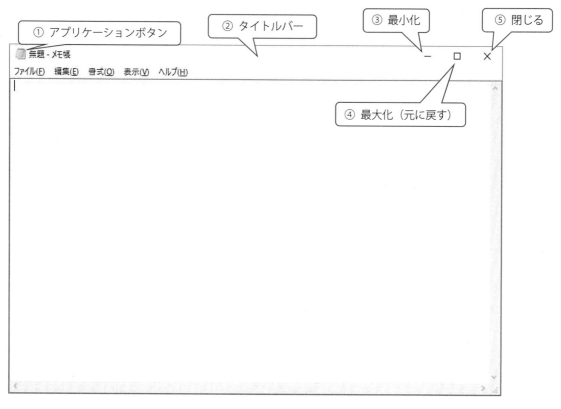

図 4.3　メモ帳の起動

ができます。

③　最小化

　アプリケーションウィンドウが一時的に閉じられて，タスクバー上にのみ表示されます。

④　最大化（元に戻す）

　アプリケーションをデスクトップ画面いっぱいに表示させます。最大化しているときにクリックすると，元のウィンドウの大きさに戻ります。

⑤　閉じる

　ウィンドウを閉じ，アプリケーションを終了させます。

　メモ帳のほか，基本的にはすべての Windows アプリケーションで共通な構成になっています。

２.２　既存のファイルを開く

　すでに作成されたファイルを開くには，「ファイル」メニューから「開く」を選択するか，キーボードから「Alt」＋「F」→「Alt」＋「O」の順に入力します。《開く》のダイアログボックスが表示されたら，該当するフォルダやファイルを選択します。または，該当するファイルのアイコンをダブルクリックすることで，ファイルを開くこともできます。ファイルやフォルダの概念については，❸節でも説明します。

2.3　アプリケーションの終了

　現在開いているアプリケーションを終了するには，ウィンドウ右上の"閉じる"ボタンをクリックするか，「ファイル」メニューから「終了」を選択します。

❸　ファイルとフォルダの操作

3.1　ファイルとフォルダの考え方

　Windows では，文書や画像，音声などのデータは，すべてファイルとして管理されます。ファイルは，検索や管理を行いやすくするために「ドキュメント」などのフォルダに格納します。フォルダは，用途や目的に応じて作成することもできますし，フォルダの中でさらにフォルダを作成することもできます。フォルダに格納されているファイルを確認するためには，エクスプローラを開きます（図4.4）。エクスプローラ上で，該当するファイルやフォルダをダブルクリックすると，その内容を確認することができます。

3.2　フォルダの新規作成

　例えば，「ドキュメント」フォルダの内部でフォルダを新たに作成するには，エクスプローラから「ドキュメント」を選択してフォルダの内部を表示させて，【ホーム】タブから「新規」にある「新しいフォルダー」を選択します（図4.5）。

　新しくフォルダが作成されたら，フォルダの名前を入力します。または，フォルダ作成後，右クリックして「名前の変更」を選択してフォルダの名前を入力します（ここでは，「情報リテ

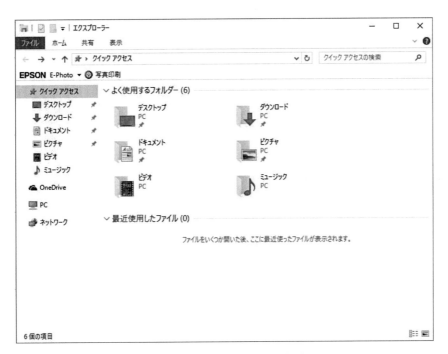

図4.4　エクスプローラの起動

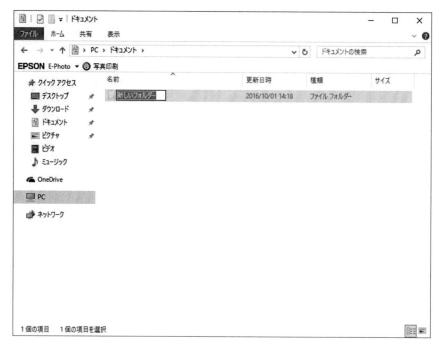

図4.5　フォルダの新規作成

ラシー」と入力します)。1つのフォルダの中に同じ名前のフォルダを複数作成することはできません。同様に，1つのフォルダの中に同じ名前で同じ種類（例えば，Microsoft Word 文書）のファイルを複数作ることはできません。

3.3　ファイルやフォルダのコピーと削除
※ここでの操作を行う前に，メモ帳などでファイル "練習 .txt" を作成しておきましょう。

　例えば，「ドキュメント」フォルダにある "練習 .txt" というファイルを，さきほど作成した「情報リテラシー」フォルダにコピーするには，"練習 .txt" を選択して【ホーム】タブの「コピー」を選択します（ファイルを移動する場合は「切り取り」を選択します）。「情報リテラシー」フォルダをダブルクリックして開いたら，【ホーム】タブの「貼り付け」をクリックします（図4.6）。

　フォルダのコピーや移動についても，同様の方法で行うことができます。ファイルやフォルダを削除するには，該当するファイル（またはフォルダ）を選択してから，次のいずれかの操作を行います。

・"Delete" ボタンを押す
・【ホーム】タブから「削除」を選択する

　または，該当するファイル（またはフォルダ）を右クリックしてから「削除 (D)」を選択します。削除されたファイル（またはフォルダ）は，「ごみ箱」へ移動します。ファイル（またはフォルダ）をパソコンから完全に削除するには，「ごみ箱」を右クリックしてから「ごみ箱を空にする (B)」を選択します。

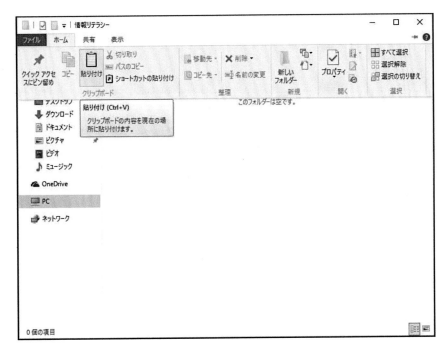

図 4.6　ファイルのコピーと貼り付け

3.4　USB メモリの操作

※ここでの操作を行う前に，メモ帳などでファイル "USB 操作 1.txt" を作成しておきましょう。

　パソコンで編集したファイルのバックアップをとったり，他のパソコンで使用したりするために，USB メモリに記憶させることができます。例えば，「ドキュメント」フォルダにある "USB 操作 1.txt" というファイルを USB メモリにコピーするには，USB メモリをパソコンの USB コネクタに差し込んでから，USB メモリの内容を表示するエクスプローラの起動を確認します（USB メモリの場所やドライブ名は，パソコンによって異なります）。起動を確認したら，「ドキュメント」フォルダにある "USB 操作 1.txt" を右クリックして「送る（N）」→ USB メモリのドライブ名の順に選択します（図 4.7）。または，"USB 操作 1.txt" を USB メモリの内容を表示するエクスプローラまでドラッグします。

　逆に，USB メモリに記憶されているファイル "USB 操作 2.txt" を「ドキュメント」フォルダにコピーするには，ファイルを右クリックして「送る（N）」→「ドキュメント」の順に選択します（図 4.8）。

　ファイルだけでなく，フォルダについても同様の操作でコピーすることができます。USB メモリへのファイルやフォルダのコピー，USB メモリからのファイルやフォルダのコピー，または USB メモリ内のファイルやフォルダ操作を終了し，USB メモリをパソコンから取り出すには，USB メモリの内容を表示するエクスプローラを閉じてから，「通知領域」左側の "∧" をクリックし，「ハードウェアを安全に取り外してメディアを取り出す」を選択してから，「『該当する USB メモリの名前』の取り出し」をクリックします（図 4.9）。「ハードウェアの取り外し」と表示されたら，USB メモリをパソコンから抜きます。

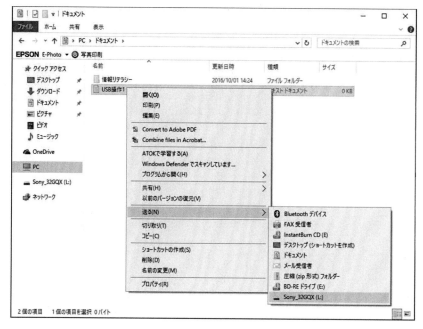

図 4.7　USB メモリへのコピー

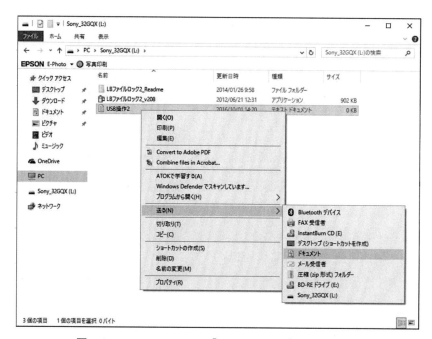

図 4.8　USB メモリから「ドキュメント」へのコピー

図 4.9　USB メモリの取り出し

―――― 第5章 ――――

Microsoft Windows における文字入力

❶ 文字入力の基本

　文字を入力するにはキーボードを利用します。キーボードを使用する前に，どのようなキーがあるのかを確認し，指とキーの対応について見ていきましょう。

1.1　キーボード配列とホームポジション

（1）キーボード配列

　一般的なキーボードは，アルファベット最上段の左から「Q」「W」「E」「R」「T」「Y」と並んでおり，QWERTY（クワーティ）配列と呼びます。例として，図5.1にキーボード配置を示します。キーボードによってキー配列に若干の違いがあります。

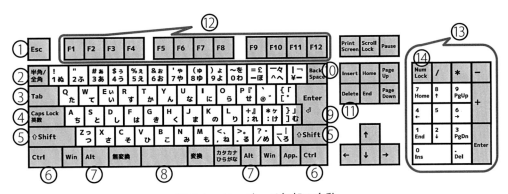

図 5.1　キーボード各部の名称

文字キー以外に次のようなキーがあります。

①　Esc（エスケープ）
　作業を中止したり，取り消したりします。

②　半角／全角
　半角入力と全角入力を切り替えます。日本語入力を使用する場合は，全角入力にします。

③　Tab（タブ）

　カーソルを移動するために使用します。文字入力の際に $\boxed{\text{Tab}}$ キーを押すと，タブ記号（空白の一種）が入力されます。

④　Caps Lock（キャプスロック）

　大文字入力と小文字入力を切り替える際に利用します。$\boxed{\text{Shift}}$ キーと同時に押すと，大文字入力に切り替わります（キーボードによってはランプが付きます）。再度，$\boxed{\text{Shift}}$ キーと同時に押すと，小文字入力に切り替わります。

⑤　Shift（シフト）

　文字キーと同時に押すと，大文字を入力したり，記号を入力したりできます。

⑥　Ctrl（コントロール）

　特定の機能を使用する際，他のキーと組み合わせて使用します。ショートカットキーで使用されます。

⑦　Alt（オルト）

　特定の機能を使用する際，他のキーと組み合わせて使用します。ショートカットキーで使用されます。

⑧　スペース

　空白文字を入力する際に使用します。全角文字の入力途中で押すと漢字に変換します。

⑨　Enter（エンター）

　編集中の内容を確定したり，改行したりする際に使用します。

⑩　Back Space（バックスペース）

　カーソルの左側にある文字を削除します。

⑪　Delete（デリート）

　カーソルの右側にある文字を削除します。

⑫　$\boxed{\text{F1}}$〜$\boxed{\text{F12}}$（ファンクションキー）

　さまざまな機能が割り振られたキーです。文字入力に関係するキーは $\boxed{\text{F6}}$〜$\boxed{\text{F10}}$ です（詳細は 2.4 節を参照してください）。

⑬　テンキー

　数字や四則演算の記号，小数点を入力する際に使用します。

⑭　Num Lock（ナムロック，ニューメリックロック）

　テンキーの切り替えに使用します。切り替えることによって数字ではなくカーソルキーなどとしても使用できます。

（2）ホームポジション

　手元のキーを見ずにタイピングすることをタッチタイピングと呼びます。タッチタイピングの基本は，ホームポジションと呼ばれる指の位置です。左手の人差し指を「F」，右手の人差し指を「J」に置きます（「F」と「J」のキーには突起があります）。そして，左手の中指，薬指，小指は「D」「S」「A」に置き，右手の中指，薬指，小指は「K」「L」「;」に置きます。親指は

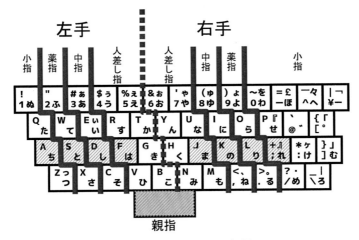

図5.2　指の配置とホームポジション

スペースキーに置きます。図5.2の斜線で示されたキーがホームポジションになります。また，ホームポジションの各キーから左上と右下に位置するキーをそれぞれの指で担当します。人差し指と右手小指は，複数の列を担当することになります。

1.2　タッチタイピングの練習

(1) 美佳のタイプトレーナを用いた練習

　タッチタイピングの練習として美佳のタイプトレーナ[1]（MIKATYPE）を利用してみましょう。MIKATYPE はタッチタイピング練習用に開発されたフリーソフトです。練習目的に合わせてさまざまな種類のソフトが用意されていますが，今回はホームポジションなど基礎的なキーの練習からローマ字入力の練習まで可能な版[2]を使用します。

　① 　ダウンロードしたファイルにある MIKATYPE.EXE から MIKATYPE を起動します。

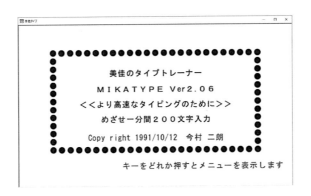

② いずれかのキーを押すと，練習メニューが表示されます。

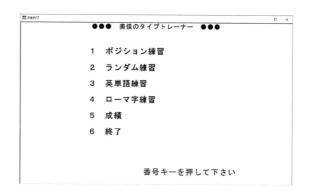

ここでは［1］のキーを押し，「ポジション練習」を選択しましょう。

③ キーボードのどの段を練習するか選択します。

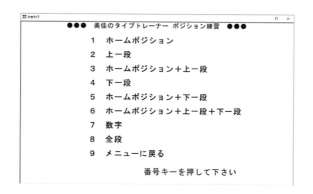

ここでは［1］のキーを押し，「ホームポジション」を選択しましょう。

④ 画面にキーボードの図と次に押すキーが表示されます。

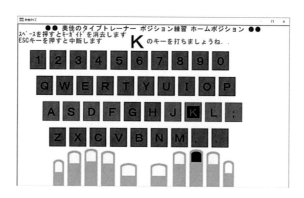

ホームポジションに指を置いて練習を始めましょう。表示されたキーを押すと，次のキーが表示されます。練習が終わったら，再度続ける（Enterキーを押下）のか，メニューに戻る（Escキーを押下）のかを選択します。

⑤ 別の練習をするために，Escキーを押して段の選択メニュー（手順③の図）に戻り，［9］のキーを押して練習メニュー（手順②の図）に戻りましょう。

⑥　次にランダム練習をしてみましょう。[2] のキーで「ランダム練習」を選択し，[1] のキーで「ホームポジション」を選択します。練習時には次の図のような画面が表示されます。

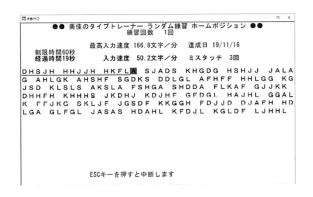

⑦　ある程度タイピングに慣れてきたら，次は練習するキーボードの段を変更したり，「英単語練習」や「ローマ字練習」を選択したりすることで，徐々に難易度を上げていきましょう。また，練習メニューで「成績」を選択すると，タイプ速度や練習時間を確認できるので，苦手なキーを中心にタッチタイピングの練習を進めていきましょう。

(2)　その他のタイピング練習ソフト

　タイピング練習用のソフトは多数ありますので，別のソフトを使って練習するという選択肢もあります。ここでは一部を紹介しておきます。

・e-typing　腕試しレベルチェック（https://www.e-typing.ne.jp/）
・P 検　無料タイピング練習（https://www.pken.com/tool/typing.html）
・タイプウェル（http://www.twfan.com/download.html）

1.3　英字入力の練習

　メモ帳を起動し，次の英文を入力してみましょう。ファイル名は「CONSTITUTION.txt」として保存しましょう。

THE CONSTITUTION OF JAPAN

　We, the Japanese people, acting through our duly elected representatives in the National Diet, determined that we shall secure for ourselves and our posterity the fruits of peaceful cooperation with all nations and the blessings of liberty throughout this land, and resolved that never again shall we be visited with the horrors of war through the action of government, do proclaim that sovereign power resides with the people and do firmly establish this Constitution. Government is a sacred trust of the people, the authority for which is derived from the people, the powers of which are exercised by the representatives of the people, and the benefits of which are enjoyed by the people.

This is a universal principle of mankind upon which this Constitution is founded. We reject and revoke all constitutions, laws, ordinances, and rescripts in conflict herewith.

We, the Japanese people, desire peace for all time and are deeply conscious of the high ideals controlling human relationship, and we have determined to preserve our security and existence, trusting in the justice and faith of the peace-loving peoples of the world. We desire to occupy an honored place in an international society striving for the preservation of peace, and the banishment of tyranny and slavery, oppression and intolerance for all time from the earth. We recognize that all peoples of the world have the right to live in peace, free from fear and want.

We believe that no nation is responsible to itself alone, but that laws of political morality are universal; and that obedience to such laws is incumbent upon all nations who would sustain their own sovereignty and justify their sovereign relationship with other nations.

We, the Japanese people, pledge our national honor to accomplish these high ideals and purposes with all our resources.

❷ 日本語入力

2.1 ローマ字入力とかな文字入力

　日本語を入力する方法には，ローマ字入力とかな文字入力があります。ローマ字入力はアルファベットが印字されたキーを使用します。英字入力の場合と使用するキーが同じです。あ行以外の文字は子音と母音の2つのキーを入力する必要があるので，かな文字入力に比べてタイプ数は多くなります。かな文字入力はひらがなが印字されたキーを使用します。ローマ字入力よりも使用するキーが多いので，覚えることが多くなります。濁音と半濁音を除き，ほとんどのかな文字が1つのキーに対応しているので，ローマ字入力に比べてタイプ数は少なくなります。

　本書ではローマ字入力を使って日本語入力を練習します。かなとローマ字入力の対応は表5.1になります。

2.2 半角文字と全角文字

　日本語入力を行うには全角文字で入力する必要があります。全角文字は縦と横の比率が1対1であり，半角文字は2対1で表現されます（図5.3）。

　入力モードはキーボードの［半角／全角］キーを押して切り替えることができます。また，半角入力と全角入力のどちらであるかはタスクバー中の通知領域のアイコンで確認することができます（Windows の標準では画面右下にタスクバーがあります）。▲ と表示されている場合は半角入力であることを表し，あ と表示されている場合は全角入力であることを表しています。

表5.1　かなとローマ字入力の対応表

あ	い	う	え	お
A	I	U	E	O
か	き	く	け	こ
KA	KI	KU	KE	KO
さ	し	す	せ	そ
SA	SI (SHI)	SU	SE	SO
た	ち	つ	て	と
TA	TI (CHI)	TU (TSU)	TE	TO
な	に	ぬ	ね	の
NA	NI	NU	NE	NO
は	ひ	ふ	へ	ほ
HA	HI	HU (FU)	HE	HO
ま	み	む	め	も
MA	MI	MU	ME	MO
や	い	ゆ	いぇ	よ
YA	YI	YU	YE	YO
ら	り	る	れ	ろ
RA	RI	RU	RE	RO
わ	うぃ	う	うぇ	を
WA	WI	WU	WE	WO
ん		ゔ		
NN		VU		

が	ぎ	ぐ	げ	ご
GA	GI	GU	GE	GO
ざ	じ	ず	ぜ	ぞ
ZA	ZI (JI)	ZU	ZE	ZO
だ	ぢ	づ	で	ど
DA	DI	DU	DE	DO
ば	び	ぶ	べ	ぼ
BA	BI	BU	BE	BO
ぱ	ぴ	ぷ	ぺ	ぽ
PA	PI	PU	PE	PO

きゃ	きぃ	きゅ	きぇ	きょ
KYA	KYI	KYU	KYE	KYO
ぎゃ	ぎぃ	ぎゅ	ぎぇ	ぎょ
GYA	GYI	GYU	GYE	GYO
しゃ	しぃ	しゅ	しぇ	しょ
SYA	SYI	SYU	SYE	SYO
SHA		SHU	SHE	SHO
じゃ	じぃ	じゅ	じぇ	じょ
JA (JYA)	JYI	JU (JYU)	JE (JYE)	JO (JYO)
ZYA	ZYI	ZYU	ZYE	ZYO
ちゃ	ちぃ	ちゅ	ちぇ	ちょ
TYA	TYI	TYU	TYE	TYO
CYA	CYI	CYU	CYE	CYO
CHA		CHU	CHE	CHO
ぢゃ	ぢぃ	ぢゅ	ぢぇ	ぢょ
DYA	DYI	DYU	DYE	DYO
てゃ	てぃ	てゅ	てぇ	てょ
THA	THI	THU	THE	THO
でゃ	でぃ	でゅ	でぇ	でょ
DHA	DHI	DHU	DHE	DHO
にゃ	にぃ	にゅ	にぇ	にょ
NYA	NYI	NYU	NYE	NYO
ひゃ	ひぃ	ひゅ	ひぇ	ひょ
HYA	HYI	HYU	HYE	HYO
びゃ	びぃ	びゅ	びぇ	びょ
BYA	BYI	BYU	BYE	BYO
ぴゃ	ぴぃ	ぴゅ	ぴぇ	ぴょ
PYA	PYI	PYU	PYE	PYO
ふぁ	ふぃ		ふぇ	ふぉ
FA	FI		FE	FO
ふゃ	ふぃ	ふゅ	ふぇ	ふょ
FYA	FYI	FYU	FYE	FYO
みゃ	みぃ	みゅ	みぇ	みょ
MYA	MYI	MYU	MYE	MYO
りゃ	りぃ	りゅ	りぇ	りょ
RYA	RYI	RYU	RYE	RYO

あ	い	う	え	お
LA	LI	LU	LE	LO
XA	XI	XU	XE	XO
っ		や	ゆ	よ
LTU		LYA	LYU	LYO
XTU		XYA	XYU	XYO

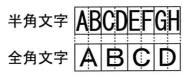

半角文字　ＡＢＣＤＥＦＧＨ
全角文字　ＡＢＣＤ

図5.3　半角文字と全角文字

2.3　インプットメソッド

　インプットメソッドとはコンピュータ上で文字を入力する際に使用するソフトウェアを指します。キーボードのキーの数には限りがあるので，ひらがな，カタカナ，漢字をすべてのキーに割り当てることはできません。インプットメソッドはキーの組み合わせや文字の変換によって，日本語をはじめとするアルファベット以外の文字を使用する国や地域の文字入力を可能にします。代表的なインプットメソッドには，Microsoft IME，ATOK，Google 日本語入力などがあります。本書では Windows に標準でインストールされている Microsoft IME を使用します。

2.4　文字の変換
(1) 漢字への変換

　入力した文字を漢字に変換するには，スペースキーを使用します。メモ帳を起動して次の例を入力してみましょう。

```
NIWANIHANIWATORIGAIRU     <入力>
にわにはにわとりがいる              <表示>
庭には 鶏が いる               <変換>
```

スペースキーを一度押すと漢字に変換されて，文節ごとに下線が引かれます。太い下線は変換操作の対象となる文字を表します。この状態でスペースキーをもう一度押すと，その他の変換候補が表示されます。また，［←］［→］キーで変換対象の文節を切り替え，Enterキーですべての変換操作を確定します。

(2) 文節区切りの変更

異なる文節区切りで変換したい場合は，変換対象の文節に対してShift＋［←］［→］キーで文節区切りを変更します。次の例は「鶏が」を「二羽」と「鳥が」に分けて変換します。

NIWANIHANIWATORIGAIRU	＜入力＞
にわにはにわとりがいる	＜表示＞
庭には 鶏が いる	＜変換と文節移動＞
庭には にわ とりが いる	＜文節区切りの変更＞
庭には 二羽 鳥が いる	＜変換＞

変換対象の文節が「鶏が」のときに，Shift＋［←］で文節区切りを「にわ」と「とりが」に変更しています。文節区切りを変更すると変更箇所の色が反転するので，区切りに問題がなければ再度スペースキーで変換をします。

(3) ファンクションキーによる変換

入力した文字を漢字ではなく，カタカナやアルファベットに変換したい場合はファンクションキーF6～F10を使用します。

F6 入力した文字をひらがなに変換します。

F7 入力した文字を全角カタカナに変換します。

F8 入力した文字を半角カタカナに変換します。

F9 入力した文字を全角アルファベットに変換します。キーを押すごとに，「すべて小文字 → すべて大文字 → 先頭のみ大文字」の順で変換します。

F10 入力した文字を半角アルファベットに変換します。キーを押すごとに，「すべて小文字 → すべて大文字 → 先頭のみ大文字」の順で変換します。

２．５ IME ツールバー（言語バー）

Windows10 ではタスクバー中の通知領域に従来の IME ツールバー（言語バー）がコンパクトに表示されるようになりました。タスクバーの A や あ を右クリックすると，IME ツールバーのメニューが表示され，入力モードや変換モードの切り替えなどを行うことができます。

（1）デスクトップに言語バーを表示する方法

　これまでの Windows のようにデスクトップに言語バーを表示したい場合は，次の手順で設定することができます。

　① 　スタートボタンをクリックし，メニューから［設定］（歯車のマーク）をクリックします。
　② 　［デバイス］をクリックします。
　③ 　画面左側のメニューから［入力］をクリックし，画面右側の［キーボードの詳細設定］をクリックします。
　④ 　［使用可能な場合にデスクトップ言語バーを使用する］にチェックを入れます。

（2）言語バーの各種メニュー

　言語バーは次のような項目から構成されています。各種メニューは図5.4のように対応します。

① 　入力方式
　インプットメソッドを切り替えます。

② 　入力モード
　ひらがな，全角カタカナ，半角英数などを切り替えます。

③ 　変換モード
　一般または無変換を切り替えます。

④ 　IME パッド
　手書き入力や部首で文字を探したり，ソフトキーボードを表示したりします（詳細は❸節を参照してください）。

⑤ 　確定前の文字列を検索
　検索プロバイダの設定を行います。

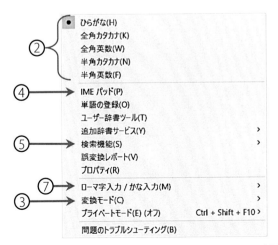
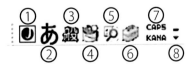

図5.4　タスクバーの右クリックメニュー（左）とデスクトップ表示の言語バー（右）

⑥ **ツール**

IME の各種設定を行う場合に使用します。

⑦ **CAPS キーロック／ KANA キーロック**

各ボタンを押すと，大文字入力と小文字入力を切り替えたり，かな文字入力とローマ字入力を切り替えたりすることができます。

⑧ **オプション**

言語バーに表示するアイコンを選択します。

③ IME パッドと記号入力

３．１ IME パッドの使い方

読み方がわからない漢字を入力したい場合は，IME パッドを使うと入力することができます。ここでは「蕨」（わらび）という字を例として，IME パッドを使って入力してみましょう。Edge やメモ帳を開いて，文字入力が可能な状態にしておきましょう。

① 言語バーから図 5.4 の④をクリックし，IME パッドを起動します。
② 次の画面が表示されるので，画面左枠にマウスを使って「蕨」という字を書きます。

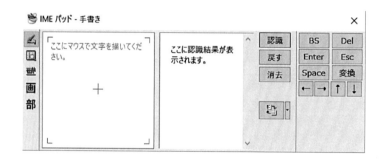

③ 手書きした文字は自動で認識され，画面右に手書きと似ている漢字の候補が表示されます。

④　候補の漢字をポイントすると読み方が表示され，クリックすると漢字が入力されます。

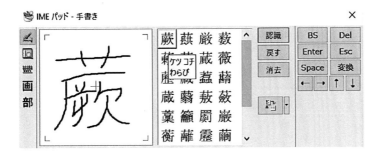

●例文による日本語入力の練習

　メモ帳を起動し，次の例文を入力してみましょう。また，IME パッドも利用してわからない読みを確認しましょう。ファイル名は「ことわざ.txt」として保存しましょう。

案ずるより産むが易し	天は二物を与えず
石の上にも三年	七転び八起き
一年の計は元旦にあり	二兎を追うものは一兎も得ず
魚心あれば水心	能ある鷹は爪を隠す
江戸の仇を長崎で討つ	早起きは三文の徳
帯に短し襷に長し	人の噂も七十五日
風が吹けば桶屋が儲かる	覆水盆に返らず
君子危うきに近寄らず	坊主憎けりゃ袈裟まで憎い
郷に入っては郷に従え	仏の顔も三度まで
三人寄れば文殊の知恵	ミイラ取りがミイラになる
地震，雷，火事，親父	三つ子の魂百まで
捨てる神あれば拾う神あり	目は口ほどにものを言う
千里の道も一歩から	桃栗三年柿八年
旅は道連れ世は情け	良薬は口に苦し
塵も積もれば山となる	ローマは一日にして成らず
鶴は千年亀は万年	禍転じて福となす

3.2　記号入力

　IME パッドは，「手書き」による文字の検索以外に，「総画数」や「部首」で文字を検索したり，「ソフトキーボード」を使って文字を入力したりできます。

　ここでは「文字一覧」を使って記号を入力する方法を紹介します。IME パッドの左側にあるアイコンから「文字一覧」をクリックします（図5.5）。文字カテゴリを選択し右側の一覧から記号をクリックすることで入力できます。

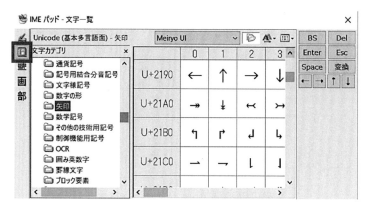

図 5.5　文字一覧による記号入力

第5章　練習問題

　メモ帳を起動し，次の文章を入力してみましょう。ファイル名は「日本国憲法前文 .txt」として保存しましょう。

日本国憲法

　日本国民は，正当に選挙された国会における代表者を通じて行動し，われらとわれらの子孫のために，諸国民との協和による成果と，わが国全土にわたつて自由のもたらす恵沢を確保し，政府の行為によつて再び戦争の惨禍が起ることのないやうにすることを決意し，ここに主権が国民に存することを宣言し，この憲法を確定する。そもそも国政は，国民の厳粛な信託によるものであつて，その権威は国民に由来し，その権力は国民の代表者がこれを行使し，その福利は国民がこれを享受する。これは人類普遍の原理であり，この憲法は，かかる原理に基くものである。われらは，これに反する一切の憲法，法令及び詔勅を排除する。

　日本国民は，恒久の平和を念願し，人間相互の関係を支配する崇高な理想を深く自覚するのであつて，平和を愛する諸国民の公正と信義に信頼して，われらの安全と生存を保持しようと決意した。われらは，平和を維持し，専制と隷従，圧迫と偏狭を地上から永遠に除去しようと努めてゐる国際社会において，名誉ある地位を占めたいと思ふ。われらは，全世界の国民が，ひとしく恐怖と欠乏から免かれ，平和のうちに生存する権利を有することを確認する。

　われらは，いづれの国家も，自国のことのみに専念して他国を無視してはならないのであつて，政治道徳の法則は，普遍的なものであり，この法則に従ふことは，自国の主権を維持し，他国と対等関係に立たうとする各国の責務であると信ずる。

　日本国民は，国家の名誉にかけ，全力をあげてこの崇高な理想と目的を達成することを誓ふ。

【注】
1）　美佳のタイプトレーナ，http://www.asahi-net.or.jp/~BG8J-IMMR/
2）　本章では「美佳のタイプトレーナ Ver2.06」を使用しています。トップページからリンク［MIKATYPE.LZH］をクリックしファイルをダウンロードした後，ファイルを展開しておきましょう。

―――― 第 6 章 ――――

インターネットによる情報検索

❶ ブラウザによる Web ページの閲覧

Windows10 では，これまで Windows に搭載されていたブラウザ Internet Explorer（IE）に加えて，新しく Microsoft Edge（以下 Edge）が搭載されました。本書では，Edge を使ってブラウザの基本的な操作を紹介していきます。

まずは Edge を起動してみましょう。デスクトップ画面（図 6.1）の下部にあるタスクバーから 🄴 をクリックします（もしくはスタートボタンを押して，メニューの中から［Microsoft Edge］をクリックします）。

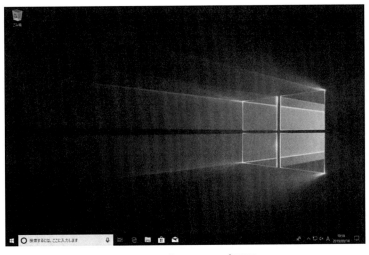

図 6.1　デスクトップ画面

Edge を起動すると図 6.2 のようにスタートページが表示されます（設定によって Edge を起動した際に表示するページを変更することができます）。

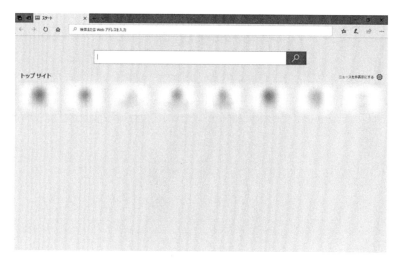

図 6.2　Edge のスタートページ

（1）Edge の画面構成

Edge の画面は図 6.3 に示す要素から構成されています。

図 6.3　Edge の画面構成

① タ　ブ

　現在開いている Web ページのタイトルが表示されます。タブをクリックすることで，表示するページを切り替えることができます。各タブの右側にある［×］をクリックするとタブを閉じます。また，［＋］をクリックすると，新しいタブを開くことができます。

② 戻　る

　現在表示している Web ページの前に表示していたページに移動します。

③ 進　む

　現在表示している Web ページの次に表示していたページに移動します。

④ 最新の情報に更新

　現在表示している Web ページを再読み込みします。

⑤ アドレスバー

　現在表示している Web ページのアドレスを表示します。アドレスバーにアドレスを直接入力し他のページに移動することができます。また，検索したい語句を入力することで Web ページを検索することができます。

⑥ 読み取りビュー

　表示中の Web ページから記事に関係のない広告や画像などを除いて表示します。読み取りビューに対応している Web ページで利用することができます。

⑦ お気に入りまたはリーディングリストに追加

　表示している Web ページをお気に入りやリーディングリストに追加します。頻繁に訪問する場合はお気に入りに追加し，後で読むために一時的に保存しておきたい場合にはリーディングリストを使用します。リーディングリストに追加した Web ページはオフラインの状況でも表示することができます。

⑧ ハ　ブ

　追加したお気に入りやリーディングリスト，履歴，ダウンロードしたファイルを確認したい場合に使用します。

⑨ ノートの追加

　表示中の Web ページにメモをします。ペン，マーカー，テキストを使って書き込みます。

⑩ 共　有

　SNS や任意のメールアドレスにノートを送信することができます。

⑪ 詳　細

　新しいウィンドウの表示，Web ページの印刷，Edge の各種設定などを行います。

⑫ Web ページの表示領域

　Web ページの内容が表示されます。

(2) Web ページの閲覧

　Web ページを閲覧するには URL を指定する必要があります。アドレスバーに *http://www.ndl.go.jp/* と入力して国立国会図書館の Web ページを表示してみましょう（図 6.4）。

図 6.4　URL を入力し Web ページへアクセス

図 6.5　リンク先ページの表示

　国立国会図書館のページ中でマウスポインタを下線の引かれた文字や画像に合わせると矢印から手の形に変わります。これはページにリンクが張られていることを意味します。クリックすることで，リンク先のページに移動することができます（図6.5）。

　Web ページを閲覧する別の方法として，キーワードを入力し Web ページを検索する方法

があります（詳細は❷節を参照してください）。アドレスバーに「国立国会図書館」と入力して
Enter キーを押すと，検索結果が表示されます。検索結果の中から国立国会図書館へのリンク
をクリックします。

(3) タブブラウザの活用

　タブブラウザでは1つのウィンドウ内でタブを使って複数の Web ページを表示することが
できます。例えば，現在表示中のページをリンク先ページや別のページと比較したい場合，リ
ンクをクリックしたりブラウザの［戻る］や［進む］を使用したりすると表示中のページから
いったん離れてしまうため，複数のページを見比べたい場合には非常に不便です。そのような
場合はリンクをクリックする代わりに，新しいタブを開きましょう。タブの右側にある［＋］
をクリックすると新しいタブを開くことができます。リンク先を新しいタブで開く場合には，
リンク先を右クリックし，［新しいタブで開く］をクリックします（リンクをマウスホイールで
中クリックしても同じことができます）。

(4) お気に入りの追加

　頻繁に利用する Web ページはブラウザに登録しておくことで，後から URL を指定したり
検索したりする必要がなくなります。Edge では「お気に入り」を使って Web ページを登録
します（ブラウザによっては「ブックマーク」と呼びます）。アドレスバーの右にある星のアイ
コンをクリックすると，お気に入りのメニューが表示されるので［追加］をクリックします。お
気に入りに登録すると星のアイコンが黄色に変わり，表示中の Web ページがお気に入りに登
録されていることを確認できます。

　お気に入りに登録したページを表示するにはハブをクリックします。登録したページの一覧
が表示されるので，訪問したい Web ページをクリックします。

(5) その他のブラウザ

　Edge 以外にもさまざまなブラウザがあります。その他の代表的なブラウザは次のとおりで
す。このうち Safari は Mac OS X の標準ブラウザです。

・Google Chrome（https://www.google.co.jp/chrome/）
・Mozilla Firefox（https://www.mozilla.org/ja/firefox/）
・Safari（http://www.apple.com/jp/safari/）
・Opera（http://www.opera.com/ja/）

❷ 検索エンジンの利用

2.1　検索エンジンの概要と基本的な検索

　検索エンジンとはインターネット上に公開されている Web ページ，画像，動画などを検

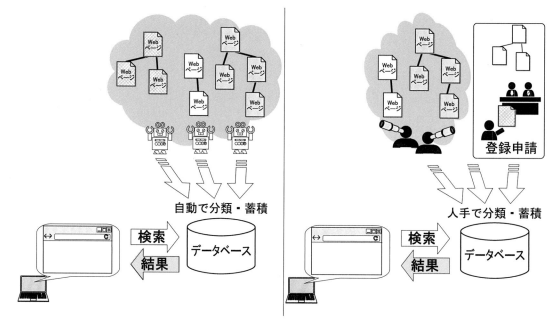

図 6.6　ロボット型検索エンジン（左）とディレクトリ型検索エンジン（右）

索するシステムのことを指します。代表的な検索エンジンとして Google 検索，Yahoo! 検索，Bing などが挙げられます。これらの検索エンジンに検索したい語句（キーワード）を入力すると，キーワードに合致する Web ページの検索結果が表示されます。

　検索エンジンには大きく 2 つの種類があります（図 6.6）。

・ロボット型検索エンジン

　ロボット（クローラ）と呼ばれるプログラムがネットワークを巡回し，Web ページに関する情報を収集します。そして収集した情報をデータベースに蓄積します。膨大な数の Web ページを検索対象にすることができます。

・ディレクトリ型検索エンジン

　あらかじめ人手で Web ページの情報を収集し分類するタイプの検索エンジンです。情報がディレクトリ階層で分類されているので，キーワードによる検索とは別に，ディレクトリ階層を辿って目的の情報を探すこともできます。

　本書では Google 検索を使った検索方法について解説していきます。それでは Google 検索のページ（*https://www.google.co.jp/*）にアクセスして検索を始めてみましょう。

　はじめにページ中央の検索ボックスにキーワードを入力します。ここでは例として図 6.7 のように「愛知県」と入力してみましょう。入力が終わったら，Enter キーを押します（もしくは検索ボックスの下にある［Google 検索］をクリックします）。

図 6.7　キーワードの入力

　検索結果として 1 ページに 10 件のリンクが表示されます（図 6.8）。11 件目以降の検索結果を表示したい場合は，ページ下部にある［次へ］をクリックします。

図 6.8　検索結果

● 検索サジェスト

　「愛知県」と入力した際，検索ボックスの下に「愛知県」に続いて関連のあるキーワード候補が表示されます。このような機能を検索サジェスト（Google 検索ではオートコンプリート）といいます。Enter キーを押す代わりにキーワード候補をクリックすると選択した候補の検索結果が表示されます。

2.2　高度な検索

　検索エンジンにキーワードを入力して検索することで，目的に沿った情報を検索することが

できるようになりました。しかし，検索結果が膨大な数になってしまった場合，その中から自分の求める情報を探すには時間と労力がかかります。そのようなときは検索の仕方を工夫することで，検索結果を絞り込むことができます。Google 検索では検索オプション（Yahoo! 検索では条件指定）を使用することでさまざまな条件を指定した検索をすることができます。Google 検索のトップページ下部にある［設定］から［検索オプション］をクリックすると検索オプションのページ（図 6.9）に移動します。検索オプションではキーワードの指定方法から検索結果をどのように絞り込むかということまで詳細な指定をすることができます。

　検索オプションはキーワードの入力時にも指定することができます。こちらの方法に慣れておくと，毎回検索オプションのページに移動しなくても同様な検索をすることができるようになります。代表的な検索オプションは，AND 検索，OR 検索，NOT 検索です。

Google

検索オプション

検索するキーワード

すべてのキーワードを含む：		重要なキーワードを入力します（例 テリア トライカラー）
語順も含め完全一致：		検索対象と完全に一致するキーワードを二重引用符で囲んで入力します（例「ヨークシャー テリア」）
いずれかのキーワードを含む：		キーワードとキーワードの間に OR を挿入します（例 小型 OR 中型）
含めないキーワード：		検索から除外するキーワードの先頭にマイナス記号 (-) を付けます（例 -紅茶、-"ジャック ラッセル"）
数値の範囲：	～	2 つの数値の間にピリオドを 2 つ挿入し、単位を付記します（例 5..15 kg、\$300..\$500、2010..2011）

検索結果の絞り込み

言語：	すべての言語	検索対象とするページの言語を選択します。
地域：	すべての地域	特定の地域に属するページのみを検索対象にします。
最終更新：	指定なし	最終更新日時が指定の範囲に該当するページを検索対象にします。
サイトまたはドメイン：		検索範囲として、特定のサイト（wikipedia.org など）またはドメイン（.edu、.org、.gov など）を指定します。
検索対象の範囲：	ページ全体	検索対象として、ページ全体、ページタイトル、URL、目的のページへのリンクのいずれかを指定します。

図 6.9　Google 検索の検索オプション

・AND 検索

　複数のキーワードが指定された場合，すべてを含む Web ページを検索します。Google 検索ではキーワードを空白で区切ります。

（例）「愛知県　グルメ」

右図の斜線部分にあたるページが該当します。

愛知県 AND グルメ

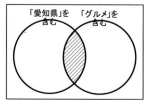

- OR 検索

　複数のキーワードが指定された場合，いずれかを含む Web ページを検索します。Google 検索ではキーワードの間に半角大文字で「OR」を入力します。

（例）「愛知県 OR 岐阜県」

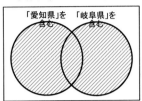

右図の斜線部分にあたるページが該当します。

- NOT 検索

　検索結果から NOT で指定したキーワードを含む Web ページを除外します。Google 検索ではキーワードの前に半角でハイフン（-）を入力します。

（例）「愛知県 - 名古屋」

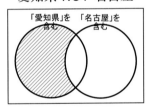

右図の斜線部分にあたるページが該当します。

　これらの検索オプションは図 6.10 のように組み合わせて使うこともできます。

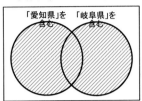

図 6.10　検索オプションの組み合わせ

　検索オプションには AND，OR，NOT 以外にもさまざまなオプションがあります。ここでは使用頻度が高いと考えられる検索方法を紹介します。

・フレーズ検索
　キーワードをダブルクォーテーション（"）で囲むと，囲まれた部分を一語とみなして検索します。例えば「"名古屋めし情報"」で検索すれば「名古屋」と「めし」と「情報」のように分割されることなく「名古屋めし情報」という一語として検索されます。

・filetype: 検索
　ファイルの種類を指定して検索したい場合に使用します。例えば PDF 形式のファイルを検索対象にする場合はキーワード中に「filetype:pdf」を含めて検索します。
　（例）「名古屋市 イベント filetype:pdf」

　その他の検索オプションは「Google 検索のヘルプ：ウェブ検索の精度を高める」[1] にあります。

（1）うまく検索するためのコツ
　インターネット上にある膨大な Web ページの中から自分の求める情報を探し出すためには，これまでに紹介した検索方法を組み合わせる必要があります。しかし，単に組み合わせただけではうまく検索することができない場合もあります。ここでは上手に検索するためのコツを少しだけ紹介しておきます。

・わからない単語を調べたいとき
　キーワードに「とは」を付けて検索してみましょう。また，キーワードが英語の場合は「<キーワード> definition」「what is <キーワード>」のように検索するとよいでしょう。

・略称ではなく正式名称で検索を試す
　例えば「WBC」と検索した場合，野球の WBC に関連するページやボクシングの WBC に関連するページなどが検索結果として表示されます。野球の WBC を検索したい場合は「WBC baseball」とすることで検索結果を絞り込むことができます。

・古いページを検索したいとき
　閲覧しようとしたページがすでに削除されていた場合，削除されたページをブラウザで表示することはできません。そのような場合は Google 検索のキーワード入力時に「cache: *<URL>*」と入力して検索すると，Google が検索用のデータベースを作成する際に保存したときのページを表示することができます。また，以下の Web サイトでは削除済みのページを検索することができます。

・Internet Archive（https://archive.org/）
・ウェブ魚拓（https://megalodon.jp/）

　削除済みのページが必ず見つかるわけではないので，その点には注意してください。

(2) 特定分野の検索について

　検索エンジンを使った検索は非常に便利ですが，あらゆる Web ページが検索対象となるので，検索したい分野や内容が明確な場合はかえって遠回りをしてしまうかもしれません。そのようなときは Google 検索をはじめとする汎用的な検索エンジンではなく，特定分野に特化した Web サイトで検索した方が効率的に目的の情報に辿り着ける場合があります。特定分野の検索が可能な Web サイトを紹介しておきます。

● クックパッド（https://cookpad.com/）
　料理のレシピを検索することができます。アカウントを登録すればレシピを投稿することもできます。

● ジョルダン（https://www.jorudan.co.jp/）
　電車，バス，飛行機などの交通機関に関する情報を提供する Web サイトです。経路検索，乗換検索，時刻表検索などができます。

● FindSounds（http://www.findsounds.com/）
　音を検索できる Web サイトです。キーワードを入力して検索すると，検索結果が表示され，音声ファイルとしてダウンロードすることができます。

● 論文検索
　学術論文の検索に特化した Web サイトもいくつか存在します。著者名，タイトル，出版年などを指定して検索します。

・Google Scholar（https://scholar.google.co.jp/）
・CiNii（https://ci.nii.ac.jp/）
・J-STAGE（https://www.jstage.jst.go.jp/browse/-char/ja）

第6章 練習問題

　Google 検索を使って，以下を検索してみましょう。

1. 自分が住んでいる都道府県の公式ページを探してみましょう。

2. 1のページをお気に入りに登録しましょう。

3. サッカーワールドカップの歴代優勝国を調べてみましょう。

4. ロボット型検索エンジンとディレクトリ型検索エンジンの Web サイトを探してみましょう。

5. Edge のノートを実際に使ってみましょう。使い方も検索しましょう。

6. Edge 以外のブラウザを試し，自分に合ったブラウザを探してみましょう。

【注】

1） https://support.google.com/websearch/answer/2466433?hl=ja

第 7 章

電子メールの活用

❶ 電子メールのしくみ

電子メールの送受信はインターネット上のメールサーバ間の連携によって成り立っています。電子メールの送信から受信までにメールソフト，DNS サーバ，メールサーバの 3 つが登場します。メールソフトはユーザがメールの作成と送信および受信をするときに使用するソフトウェアです。DNS サーバはメールサーバの IP アドレスを解決します。メールサーバは宛先となるメールサーバへメールを転送し，受信メールをユーザのメールボックスに保管します。

具体的な電子メールの送受信の流れを図 7.1 に示します。

① ユーザはメールソフトを使ってメールの作成と送信をします。
② メール送信の要求をすると，自身のネットワーク内に属する送信元メールサーバ（自宅であればプロバイダ，学校や企業であればその中で運用されているメールサーバ）の IP アドレスを DNS サーバに問い合わせます。
③ DNS サーバは送信元メールサーバの IP アドレスを回答します。
④ メールソフトは判明した IP アドレスを持つ送信元メールサーバにメールを転送します。

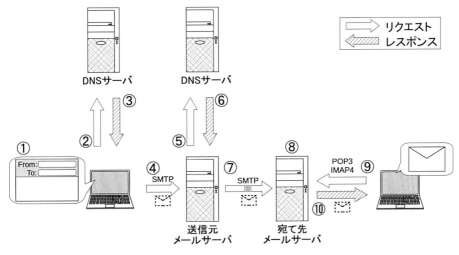

図 7.1　電子メール送受信の流れ

⑤ 次に送信元メールサーバは，宛て先メールサーバの IP アドレスを DNS サーバに問い合わせます。

⑥ DNS サーバは宛て先メールサーバの IP アドレスを回答します。

⑦ 送信元メールサーバは宛て先メールサーバにメールを転送します。

⑧ 宛て先メールサーバはメールを受信したら，ユーザのメールボックスにメールを保存します。

⑨ メールの受信者であるユーザは，メールソフトからメールサーバに対して，受信メールの有無を問い合わせます。

⑩ 宛て先メールサーバは，ユーザのメールボックスにメールがあれば転送します。

Web ページを閲覧する際，URL の中に http や https から始まる文字列がありましたが，これは通信の取り決め（通信プロトコル）を表します。http の場合は Web ページ（ハイパーテキスト）の通信を行うことを表しており，HTTP（Hypertext Transfer Protocol）と呼ばれる通信プロトコルが使用されます。同じようにメールの通信をする場合もそれに対応する通信プロトコルが存在します。

ユーザから送信元メールサーバへのメール送信やメールサーバ間のメール転送には SMTP（Simple Mail Transfer Protocol）と呼ばれる通信プロトコルによって通信が行われます。また，メールサーバに保存されているメールを受信する際には POP3（Post Office Protocol version 3）や IMAP4（Internet Message Access Protocol version 4）と呼ばれる通信プロトコルを使用します。

 2 Gmail を利用したメール操作

2.1 Gmail の概要

メールを送受信するには 2 つの方法があります。1 つ目はメールソフト（メーラや電子メールクライアントとも呼ばれる）を使う方法です。代表的なメールソフトには Mozilla Thunderbird，Microsoft Outlook などが挙げられます。コンピュータ上にメールを保存するため，インターネットに接続されていない状況でも受信済みメールを読むことができます。一方でメールを送受信するためにはメールサーバの指定等の諸設定を行う必要があります。また，別のコンピュータで同様にメールを送受信するにはメールソフトのインストールから行うなどの準備をする必要があります。

2 つ目の方法は Web メールを使う方法です。Web メールはブラウザを使ってメールの送受信を行います。代表的な Web メールサービスには Gmail，Yahoo! メール，Outlook.com などがあります。コンピュータにブラウザがインストールされており，インターネットに接続されていれば，いつでもメールの操作ができます。メールソフトのインストールをする必要もなく，Web メールサービスのアカウントを作成すればすぐに利用を開始することができます。一方で，Web メールは自身が利用するコンピュータ上にメールを保存しないため，インターネットに接続されていない状態ではメールの操作が一切できません。

本書では Web メールサービスの 1 つである Gmail を使ってメール操作を紹介していきます。

● Google アカウント[1] の作成

　Gmail を利用するためには最初に Google アカウントを作成する必要があります。次の手順でアカウントを作成することができます。

① Google 検索のページにアクセスし，画面右上にある ［Gmail］ をクリックします。

② 画面右上の ［アカウントを作成する］ をクリックします。

③ 「Google アカウントの作成」画面に移るので，姓名，ユーザ名，パスワードを入力し，［次へ］ をクリックします。ここで入力したユーザ名がメールアドレス（<ユーザ名>@gmail.com）になります。入力したユーザ名がすでに存在する場合は警告が表示されるので，別のユーザ名を入力します。

④ 「電話番号の確認」画面で，電話番号を入力し，［次へ］ をクリックします。

⑤ 入力した電話番号宛てに確認コードのメールが送信されるので，メールに記載された確認コードを入力し，［次へ］ をクリックします。

⑥ 「Google へようこそ」画面に移るので，電話番号，再設定用のメールアドレス，生年月日，性別を入力し，［次へ］ をクリックします。電話番号と再設定用のメールアドレスは省略することができますが，アカウントを保護したりパスワードを忘れた場合に使用したりしますので，設定しておくと便利です。

⑦ 「プライバシーと利用規約」が表示されるので，内容を確認し ［同意する］ をクリックします。

⑧ 「ようこそ○○さん」と表示され，アカウントの作成が完了します。

2.2　基本的なメールの操作

(1) Gmail の画面構成

　Gmail の画面は図 7.2 に示す要素から構成されています。

① 作　成

　新規にメールを作成します。

② 検索ボックス

　検索ボックスに入力された内容からメールを検索します。

③ トレイとラベル

　受信トレイ，送信済みメール，ラベルの付いたメールなど選択した内容に合うメール一覧を表示します。

④ 選　択

　メール一覧からどのようなメールを選択するかを選びます。すべてのメール，既読メール，未読メールなどから選びます。項目を選択するとメールのチェックボックスにチェックが入

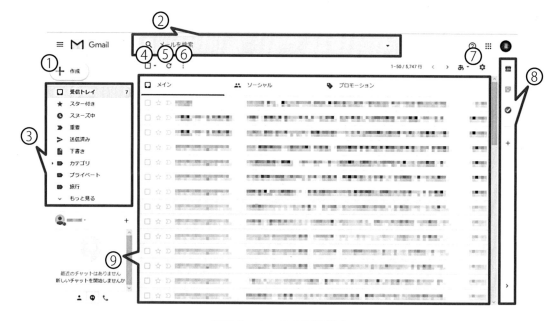

図7.2　Gmail の画面構成

り，その後トレイの移動やメールの削除などの操作を行います。

⑤　更　新

　受信メールを更新します。

⑥　その他

　メールに対するその他の操作を行う場合に選択します。選択したメールを未読にする，
ToDo リストに追加するなどの操作を行います。

⑦　設　定

　メール一覧の表示間隔の変更，受信トレイの設定，ラベルや転送設定など各種設定を行いま
す。

⑧　サイドパネル

　カレンダーやメモ，ToDo リストを利用する場合に使用します。

⑨　メール一覧

　現在選択されているトレイやラベルのメールが表示されます。

(2) メールの送信

　Gmail を使ってメールを作成してみましょう。Gmail の画面左側のメニューにある［作成］
をクリックすると，「新規メッセージ」と表記されたウィンドウが現れます（図7.3）。

　宛先欄に送信先メールアドレスを入力し，件名にメール本文の内容を表すタイトルを付けま
す。さらにメールの本文を入力します。最後に"送信"ボタンを押すとメールを送信します。

図7.3　メールの作成と送信

（3）下書き

　メール作成の途中で操作をやめて内容を保存する場合には下書きを利用します。作成しているメールのウィンドウ右上にある［×］ボタンをクリックすると，ウィンドウを閉じて作成途中のメールを保存することができます。閉じたメールは下書きと呼ばれるトレイに保存されます。

　再度メールを編集し送信する場合は，Gmail の画面左側のメニューから［下書き］をクリックします。下書きメールを選択するとウィンドウが開くので，続いて編集や送信を行います。

（4）ファイルの添付

　メールはテキスト以外に画像や文書などさまざまなファイルを送信することができます。メールと合わせてファイルを送信したい場合は添付を行います。

　メール作成画面下部にある 📎 をクリックします。ファイルの一覧が表示されるので，添付したいファイルを選択し，［開く］をクリックします。ファイルが添付されると，メール本文の最後に添付されたファイル名が表示されます。添付ファイルをメールから削除するには，添付ファイル名の右側にある［×］をクリックします。

（5）メールの受信

　受信したメールは受信トレイに保存されます。Gmail の画面左側のメニューから［受信トレイ］をクリックすると受信メールの一覧が表示されます（図7.4）。未読メールは背景が白色で表示され，既読メールは背景が灰色で表示されます。メールの一覧から読みたいメールをクリックすると，メールの内容が表示されます。

　メールを返信するには，画面下部にある［返信］をクリックします。クリックすると返信のメールが作成されるので，本文を入力し"送信"ボタンをクリックします。

図7.4　メールの受信と表示

(6) メールの検索

　送受信したメールからメールを検索する場合は，画面上部の検索ボックスを利用します。
Google 検索と同じようにキーワードを入力し検索ボタンを押すと，キーワードに合うメール
一覧が表示されます。

　さまざまな条件を指定して検索したい場合は，検索ボックスの右側にある▼をクリックしま
す。受信者（From），送信者（To），件名，特定の文字を含むか含まないかなど詳細に条件を
指定することができます。

2.3　各種設定について

　初期設定の状態でも Gmail を十分に利用することができますが，さまざまな設定を行うこ
とで利便性を向上させることができます。Gmail の画面右上にあるボタン ✿ から［設定］を
クリックすると設定画面が表示されます。設定画面上部のタブを選択すると各種詳細な設定を
行うことができます。

(1) 送信者名の設定

　Gmail では Google アカウントを作成した際に入力した姓名がデフォルトで送信者名として
設定されます。送信者名を変更したい場合は次の設定を行う必要があります。

　タブの中から［アカウントとインポート］をクリックします（図7.5）。設定項目の［名前］
欄に表示されたメールアドレスの右側にある［情報を編集］をクリックします。「メールアド

レスの編集」ウィンドウが開くので，［名前］欄の入力ボックスに新しい送信者名を入力し，［変更を保存］をクリックします。最後に［アカウントとインポート］の［名前］欄に新しく設定した送信者名が表示されていることを確認します。

図7.5　送信者名の変更

(2) 署名の設定

　タブの中から［全般］をクリックし，設定項目の［署名］欄の入力ボックスに署名を入力します（図7.6）。署名の入力が完了したら，ページ下部にある［変更を保存］をクリックします。署名には氏名，所属，連絡先などを書きます。

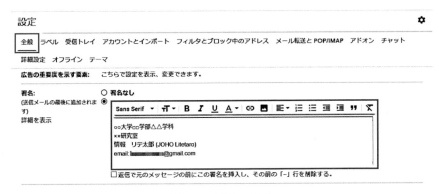

図7.6　署名の設定

(3) メール転送設定

　複数のメールアドレスを使用している場合，あるメールアドレスで受信したメールを別のメールアドレスからも読むことができると便利な場合があります。例えば，Gmailで受信したメールを携帯電話のメールアドレスでも受信しておきたい場合が該当します。

　設定の際は複数画面が切り替わるので，ここでは設定の手順を示します。

① タブの中から［メール転送とPOP/IMAP］をクリックし，設定項目の［転送］欄にある"転送先アドレスを追加"ボタンをクリックします。
② 「転送先アドレスを追加」ウィンドウが現れるので，転送先のメールアドレスを入力し，［次へ］をクリックします。

③ 「転送先アドレスの確認」ウィンドウが現れるので，［続行］をクリックすると転送確認のメールが送信されます。

④ 転送先のメールアドレスに「Gmail の転送確認」という件名のメールが届くのでそのメールを開き，メール本文にある自動転送を承認するリンクをクリックすると転送設定が完了します。

⑤ 最後に Gmail の設定画面に戻り，［変更を保存］をクリックします。

❸ メール文書の作成

3．1　メールマナー

　私たちは人と話すときや手紙を書くとき，相手や自分の立場に合わせて話し方や文章の表現を変えます。友人，先輩と後輩，先生，仕事の同僚，取引相手，初対面の人など相手が異なれば，コミュニケーションの取り方も異なるはずです。メールも同じように誰に送るのかを考えて書く必要があります。相手に迷惑をかけて不快にさせないように，メールを書く上でのマナーを知っておきましょう。

・件名を必ず書く

　メールの内容を簡潔に表すような件名を書きましょう。件名がないと受信者に不審なメールと判断されて読んでもらえない可能性があります。また，受信者のメールソフトの設定によって迷惑メールに分類されてしまう可能性もありますので，必ず件名を書くようにしましょう。

・半角カタカナ文字や機種依存文字を使わない

　メールを受信する側の環境によって文字化けする可能性がありますので，これらの文字は使わないようにしましょう。

・文の長さに合わせて適宜改行する

　改行がないまま文章を書くと，メールを表示している画面のサイズに合わせて自動的に文章が折り返されて読みにくい印象を与える場合があります。目安として1行の長さを30字前後にすると読みやすくなります。また，句読点で改行を入れたり文章の内容ごとに空行を入れたりすることも文章を読みやすくする方法の1つです。

・署名を付ける

　メールの最後には氏名，所属，連絡先などの署名を付けましょう。署名はメールソフトやWeb メールであらかじめ設定することができます（詳細は前頁を参照してください）。

• 添付ファイルのサイズに気を付ける

　メールを使用する環境によって送受信できるメールのサイズが制限されている場合があります。はじめに，自分が利用するメールサービスや所属する組織の利用規約等を確認しましょう。ファイルサイズが極端に大きい場合は，ネットワークや送信相手のディスク容量を圧迫しないように，添付するファイルを圧縮するかファイルの転送サービスを使うようにしましょう。また，添付ファイルを送信する場合は，メール本文にファイルを添付した旨を書いておきましょう。添付ファイルの存在を本文で伝えることで，添付ファイルの有無によるトラブルを防ぐことができます。

(1) 送信先の種類と複数人へのメール送信

　メールの送信先の種類には To 以外に CC と BCC があります。

To　　To 欄にはメールの宛先を書きます。
CC　　CC（Carbon Copy）欄には参考程度に内容を知っておいてほしい相手の送信先を書きます。CC に指定されたメールアドレスは他の受信者にもわかります。
BCC　BCC（Blind Carbon Copy）欄も CC と同様参考程度に送る相手の送信先を書きます。CC との違いは，他の受信者には BCC に指定したメールアドレスがわからないという点です。

　複数の人に対してメールを送る場合は，To, CC, BCC を上手に使い分ける必要があります（図 7.7）。メールを送る相手に対して他人のメールアドレスがわかった方がよい場合は，送信先を To や CC に指定します。不特定多数の人に連絡する場合のように，送信先の人同士で連絡先がわからないようにした方がよい場合は送信先を BCC に指定します。個人情報保護やプライバシーの観点からもこれらの使い分けは大切です。

　特定グループの人にメールを一斉送信する場合は，メーリングリストと呼ばれる仕組みを使うことも有効です。メールの受信相手となるメンバをメーリングリストに登録し，特定のメー

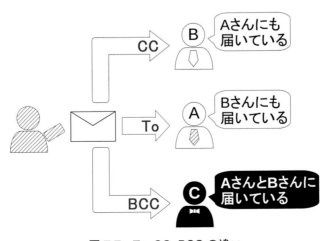

図 7.7　To, CC, BCC の違い

ルアドレスにメールを送ると登録したメンバに一斉に送信されます。

（2）Re と Fwd

　メールを返信する際，件名の先頭に自動的に「Re:」という文字が付きます。また，転送すると「Fwd:」や「Fw:」といった文字が件名の先頭に追加されます。これらの文字はメールを受信する相手に対して，返信や転送であることをわかりやすく伝える効果があります。

３.２　メール文書の例

　本節ではメール文書の例として，「先生に対する講義の質問メール」（図7.8）と「一般的なビジネスメール」（図7.9）を紹介します。大まかな書き方として，宛先，名乗り，要旨，本題，結び，署名の順で書きます。

① 宛　先

　相手の宛先を書きます。相手によって様や先生などの敬称を使い分けます。また，CC に指定した人も合わせて書くと，他の人にも送信していることがわかりやすくなります。

② 名乗り

　所属も含めて名乗りを書きます。また，名乗りの前後に挨拶を入れます。

③ 要　旨

　すぐ本題に入る前に，本題を簡潔に表すように要旨を書いておきましょう。メールをすべて読み終えた後でないと内容を把握できない書き方は，読み手が疲れてしまいます。

④ 本　題

　メールの本題を書きます。無駄に長くなりすぎないよう文章は簡潔にまとめて書きましょう。

⑤ 結　び

　一通り本題を書き終えたところで，結びの言葉を書きます。「よろしくお願いします。」「ご検討いただきますようお願いいたします。」など，気持ちよく終えられるように最後の挨拶を書きます。

⑥ 署　名

　メールの最後に所属，名前，連絡先など署名を書きます。署名は名刺の代わりにもなりますので，しっかりと書いておきましょう。

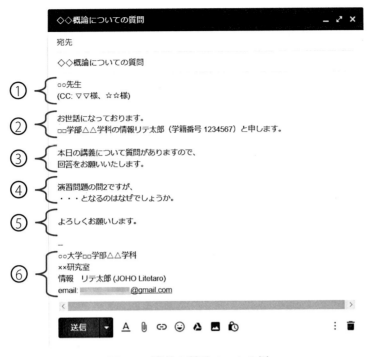

図 7.8　講義の質問メールの例

図 7.9　ビジネスメールの例

第7章 練習問題

1. Google アカウントを作成し，送信者名と署名の設定をしましょう。

2. メールを下書きしてみましょう。

3. まずは自分にメールを送ってみましょう。

4. 先生や近くの席の人にメールを送ってみましょう。

5. 今日の講義に関する質問を先生宛にメールしてみましょう。

6. 転送設定をして，メールが転送されることを実際に確認しましょう。

【注】

1） Google アカウントは Gmail 以外にも Google ドライブ，Google ドキュメント，YouTube などの Google が提供する他のサービスでも利用できます。

第8章

Microsoft Word による文書作成の基礎

① Word の画面構成

　Word を使用することで，多様な文書を作成することができます。ここでは，Word の操作に先立って，画面の構成や用語，Word を操作する際に使用すると便利な機能としてショートカットキーやファンクションキーを紹介します。

1．1　Word の画面構成

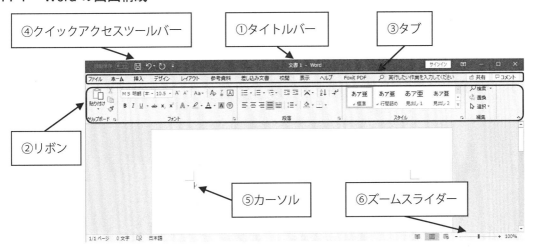

図 8.1　Word の画面構成

① タイトルバー
　Word 画面の上辺中央に「ファイル名 – Word」の形式で作成中の文書のファイル名が表示されます。
② リボン
　『フォント』や『段落』など，関連するグループごとに，文書を作成する際によく使用する機能をまとめて表示しています。リボン内のボタンやボックス上にマウスポインタを移動させるとポップアップにボタンやボックスの機能が表示されます。

③ タブ

タブをクリックすることで，表示されるリボンを切り替えることができます。

④ クイックアクセスツールバー

初期設定では，"上書き保存""元に戻す""繰り返し入力／やり直し入力"のボタンが置かれています。「クイックアクセスツールバー」の右端にあるユーザー設定から，カスタマイズを行うことができます。

⑤ カーソル

文字や表，図が入力される位置を示します。カーソルは，マウスの左クリックやキーボードの矢印キー等で移動させることができます。

⑥ ズームスライダー

「ズームスライダー」のつまみをドラッグしたり，両端の"−""+"ボタンをクリックすることで，操作中の文書を拡大／縮小して表示させることができます。文書の拡大／縮小表示は，【表示】タブの『ズーム』グループにある"ズーム"ボタンや"100％"ボタンからも設定することができます。

1.2　ショートカットキー

WindowsやOfficeでは，特定の操作に対して，ショートカットキーが割り当てられています。ここでは，Wordを操作するうえで使用頻度の高いショートカットキーを確認します。

表8.1　ショートカットキー

操作	キー	操作	キー
新規文書作成	Ctrl + N	すべて選択	Ctrl + A
コピー	Ctrl + C	切り取り	Ctrl + X
貼り付け	Ctrl + V	印刷画面を表示	Ctrl + P
直前の操作を元に戻す	Ctrl + Z	直前の操作を繰り返す	Ctrl + Y
「ナビゲーションウィンドウ」を表示	Ctrl + F	「ページ区切り」の「改ページ」を挿入	Ctrl + Enter
「検索と置換」ダイアログボックスの【ジャンプ】タブを表示	Ctrl + G	「検索と置換」ダイアログボックスの【置換】タブを表示	Ctrl + H
次のウィンドウに切り替える	Alt + Tab	前のウィンドウに切り替える	Alt + Shift + Tab

1.3　ファンクションキー （F6 ～ F10）

　文字入力の際に，カタカナやアルファベットを表記したい場合，以下のファンクションキーを使用することで簡単に変換を行うことができます。ファンクションキーは，キーボードの最上段に並んでいます。

F6　ひらがなに変換する
F7　全角のカタカナに変換する
F8　半角のカタカナに変換する
F9　全角のアルファベットに変換する。2回押すとすべて大文字，3回押すと頭文字だけ大文字に変換される。
F10　半角のアルファベットに変換する。2回押すとすべて大文字，3回押すと頭文字だけ大文字に変換される。

　また，すでに入力された文字列を範囲選択して，ファンクションキーを押すと，再度ひらがなやカタカナ，英字に変換を行うことができます。

❷ ページレイアウトの設定

　用紙サイズ・文字列の方向・余白・区切り等の設定方法を学びます。これらの設定をすることで，文書内の各ページでの文字列の向きや文字列を配置する範囲などを規定することができます。

2.1　用紙サイズと印刷の向き
●用紙サイズ

　初期設定では，新規文書は A4 サイズを縦にしたレイアウトに設定されています。用紙サイズを変更するには，【レイアウト】タブの『ページ設定』グループにある，"サイズ"ボタンをクリックして表示される，「サイズ」の一覧から使用する用紙のサイズを選択します。
　「サイズ」の一覧に無いサイズを指定する場合は，「その他の用紙サイズ」をクリックして，《ページ設定》のダイアログを開き，用紙サイズの種類・幅・高さ等を指定します。

●印刷の向き

　印刷用紙の縦・横を指定するには，【レイアウト】タブの『ページ設定』グループから，"印刷の向き"ボタンをクリックして，一覧から「縦」・「横」を選択します。

2.2　文字列の方向

　「縦書き」・「横書き」等の文字列の向きを設定するには，【レイアウト】タブの『ページ設定』グループにある，"文字列の方向"ボタンをクリックして，一覧から文字列の方向を指定します。

同じ文書内に「縦書き」・「横書き」を混在させたい場合には，文字列の方向を変更したい箇所にカーソルを置き，「文字列の方向」の一覧で「縦書きと横書きのオプション」を選択して，《縦書きと横書き−メイン文書》のダイアログを開き，「文字の向き」を選択して「設定対象」を「文書全体」または「これ以降」に変更します。

2.3 余白の設定

ページの周縁にある空白部分を余白と呼びます。余白を変更するには，【レイアウト】タブの『ページ設定』グループから，"余白"ボタンをクリックして，一覧から余白の大きさを選択します。

指定したい余白の大きさが「余白」の一覧に無い場合は，「余白」の一覧から「ユーザー設定の余白」をクリックして，《ページ設定》のダイアログを開き，「上」・「下」・「左」・「右」等のボックス内をクリックして数値を直接入力するか，ボックス右側の▲や▼をクリックして余白のサイズを設定します。

2.4 ページ区切り・セクション区切り

●ページ区切り

ページ区切りとは，文書の任意の箇所を区切り，区切られた箇所以降の文書を次のページへ送ったり（改ページ），段組みされた文書で次の段へ送ったり（段区切り）する操作を指します。

改ページを行うには，改ページを行いたい箇所にカーソルを置き，【レイアウト】タブの『ページ設定』グループから，"区切り"ボタンをクリックして，一覧から「改ページ」を選択します。

●セクション区切り

文書を複数のセクションに分けることで，それぞれのセクション別にページレイアウトや脚注等を設定することができます。文書を複数のセクションに分けるには，各セクションの境目にセクション区切りを挿入します。

セクション区切りを文書に挿入するには，【レイアウト】タブの『ページ設定』グループから，"区切り"ボタンをクリックして，「セクション区切り」の一覧から新しいセクションの開始位置を選択します。

 文字の配置と装飾

3.1 配置（左揃え・中央揃え・右揃え）

文字列の配置の初期設定には，「両端揃え」が選択されています。その他に「左揃え」「中央揃え」「右揃え」を【ホーム】タブの『段落』グループのボタンをクリックすることで，設定できます。

●両端揃え
　一つの段落内に複数の行がある場合，各行で左右の端が揃うように文字を配置します。

●左揃え・右揃え
　左揃えは，選択した文字列の位置を段落単位で左余白に合わせます。同様に，右揃えは，選択した文字列の位置を段落単位で右余白に合わせます。

●中央揃え
　選択した文字列の位置を中央に合わせます。

３.２　インデント
　文字列の左端や右端の位置を移動させるには，インデントの設定を行います。

●左右のインデント
　インデントの設定を行いたい段落にカーソルを置き，【レイアウト】タブの『段落』グループにある左右の「インデント」ボックスに移動させたい文字数を入力するか，▲をクリックして数値を設定します。ミリ単位で移動させたい場合には，ボックスに「5mm」などと入力して設定を行います。
　また，【ホーム】タブの『段落』グループにある"インデントを減らす""インデントを増やす"ボタンをクリックすることでも，インデントの調整を行うことができます。さらに，後述する《段落》のダイアログボックスからも設定が行えます。

●字下げ・ぶら下げインデント
　段落の文頭だけを移動させたい場合には，「字下げインデント」を設定します。また，段落の２行目以降の左インデントだけを移動させたい場合には，「ぶら下げインデント」を設定します。
　【ホーム】タブおよび【レイアウト】タブの『段落』グループの右下隅にある「段落の設定」をクリックして《段落》のダイアログボックスを開き，【インデントと行間隔】タブにある［インデント］項目の「最初の行」ボックスの☑をクリックして「字下げ」もしくは，「ぶら下げ」を選択する。さらに，「幅」ボックスの▲または▼をクリックするか，直接入力して値を設定します。

３.３　フォントの設定
　文字に使用するフォントの種類やサイズ，色，太字，斜体，下線といった書式を変更するには，文字列を範囲選択してから【ホーム】タブの『フォント』グループにある，次のようなボックスやボタンで設定を行います。

●フォントの種類

「フォント」ボックス右側の▼をクリックして一覧からフォントを選択します。

●フォントサイズ

「フォントサイズ」ボックス右側の▼をクリックして一覧からサイズを選択します。また，「フォントサイズ」ボックスの右隣りにある"フォントサイズの拡大""フォントサイズの縮小"ボタンをクリックしてサイズを設定することもできます。

●フォントの色

"フォントの色"ボタン右側の▼をクリックして一覧に表示される「テーマの色」や「標準の色」の色見本から，使用する色を選択します。

●太字・斜体・下線・囲み線

"太字""斜体""下線""囲み線"のボタンをそれぞれクリックして設定します。機能のオン／オフはボタンの背景色の変化で判別できます。また，"下線"では，ボタン右側の▼をクリックして一覧から下線の種類や色を設定することができます。

❹ 段落の設定

文章のまとまりを段落と言います。Wordでは，キーボードの Enter を押して表示される編集記号を，段落記号と言います。

4.1 行間隔の設定

Wordでは，段落ごとに行間隔を設定できます。行間隔を設定したい段落にカーソルを置き，【ホーム】タブの『段落』グループにある"行と段落の間隔"ボタンをクリックして，一覧から選択を行います。

また，『段落』グループの右下隅にある「段落の設定」をクリックして《段落》のダイアログボックスを開き，「行間」ボックスをクリックして，行数・倍数・固定値などの単位の選択を行い，「間隔」ボックスに値を入力することで行間隔を設定できます。

4.2 箇条書き・段落番号

箇条書きや段落番号を使用する場合には，段落にカーソルを置き，【ホーム】タブの『段落』グループにある"箇条書き"や"段落番号"のボタンをクリックします。機能のオン／オフはボタンの背景色の変化で判別できます。

箇条書きでは，"箇条書き"ボタン右側の▼をクリックして一覧から使用する行頭文字を選択できます。また，一覧に無い行頭文字を使用する場合には，「新しい行頭文字の定義」をクリックして，《新しい行頭文字の定義》ダイアログから新たに行頭文字を定義します。

　段落番号では，"段落番号"ボタン右側の▼をクリックして一覧から使用する番号書式を選択できます。

❺ 文書の保存・読出

　新規に文書を作成した場合，タイトルバーにファイル名が「文書 1」などと表示されます。ファイル名を変更して保存するには，【ファイル】タブから「名前を付けて保存」をクリックする。さらに，コンピュータをクリックして右側に表示される一覧から保存先を選択すると，《名前を付けて保存》のダイアログが開くので，保存先のフォルダとファイルの種類（初期設定では Word 文書）を確認，ファイル名のボックスに希望するファイル名を入力した後，保存をクリックします。

第 8 章　練習問題

　以下の指示に従って操作を行い，2 ページの文書を作成しましょう（指示の無いものは，既定の設定でかまいません）。

① 文書を新規作成して，次のように設定を行います。
　　用紙サイズ：B5　　余白：やや狭い　　文字数：「36」　　行数：「30」
② 「【完成例】ページ 1」を参照して，1 ページ目に文字を入力します。
③ 1 行目「市立体育館利用の御案内」に「スタイル」の「表題」を設定します。
④ 3 行目「利用の流れ」，13 行目「キャンセルについて」に「スタイル」の「見出し 2」を設定します。
⑤ 2 行目「施設利用の手続き」の段落前の間隔を 1 行に設定します。
⑥ 3 行目「利用の流れ」，8 行目「施設予約」，11 行目「使用料の支払い」，13 行目「キャンセルについて」の段落前の間隔を 0.5 行に設定します。
⑦ 4 行目「利用登録」，8 行目「施設予約」，11 行目「使用料の支払い」に段落番号を設定します。
⑧ 1 ページ目の文字列末尾に，「セクション区切り」の「次のページから開始」を挿入します。
⑨ 2 ページ目に次のようなページ設定を行います。
　　印刷の向き：「横」　　文字数「51」　　行数「20」
⑩ 「【完成例】ページ 2」を参照して，2 ページ目に文字を入力します。
⑪ 1 ページ 2 行目「施設利用の手続き」，2 ページ 1 行目「施設概要」同 7 行目「付属施設」のフォントに「フォントサイズ」「14」と「太字」を設定します。
⑫ 2 ページ 3 行目「建築面積 5,600 ㎡」から「地上 3 階・地下 1 階」までを「箇条書き」にします。
⑬ 2 ページ 8 行目「舞台設備」から「その他」までの段落に対して次のようにインデントの

設定を行います。

インデント：左1文字　　ぶら下げインデント：5字

⑭　最終行の「以上」に「右揃え」を設定します。

市立体育館利用の御案内

施設利用の手続き

利用の流れ

① 利用登録

　申し込みには体育館1階管理事務所窓口にて「利用者登録」が必要です。利用者登録時には、本人(団体の場合は代表者本人)が確認できるものを提示していただき、「利用者登録申請書」を御提出ください。

② 施設予約

　登録後は、施設予約システムにて御予約ください。ただし、「当日」の御予約につきましては、窓口でのみ受付致します。

③ 使用料の支払い

　使用料は、当日利用前に体育館1階管理事務所にて御支払いください。

キャンセルについて

　使用日の前日までは、施設予約システムから予約の取り消しが可能です。それ以後、原則キャンセルは出来ません。

図8.2　【完成例】ページ1

施設概要

メインアリーナ、サブアリーナ、格技室、陸上競技場、補助陸上、野球場、テニスコート、会議室

- 建築面積 5,600 ㎡
- 延床面積 14,000 ㎡
- RC 構造
- 地上3階・地下1階

付属設備

舞台設備：間口 19.2m、奥行 3.6m、高さ 0.8〜1.2m

吊物設備：バトン5本、ライトバトン7本、一点吊りバトン（0.5t）4箇所、重量バトン（0.7t）4箇所、大黒幕、ホリゾント幕、水引幕、源氏幕、一文字幕

音響設備：ステージ集中用スピーカー3ヶ所（昇降式）、分散スピーカー9ヶ所（固定式）

照明設備：メタルハライドランプ、ハロゲン電球による照明

空調設備：冷暖房可

その他　：選手控室（56 ㎡　2室　シャワー設備有り）、大会役員室、貴賓室、レストラン、自動販売機

以上

図8.3　【完成例】ページ2

― 第 9 章 ―

Microsoft Word の便利な機能

❶ 表の作成

Word では，文書内に表を挿入することができます。挿入した表について，行の高さや列の幅を設定するほか，セルの結合や分割をしたり，セルの書式設定（スタイル，書式，色など）をしたり，文字列を表に変換したりして，読み取りやすい表に編集することができます。

1.1 表の構成

表を構成する個々のマスを "セル" と呼び，縦方向の "列" と横方向の "行" で構成されます（図 9.1 参照）。また，セルとセルの境界には，"罫線" と呼ぶ区切り線があります。Word で表を作成する場合には，列数や行数を指定する必要があります。

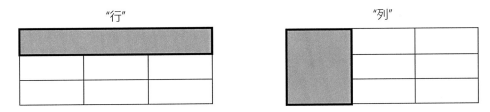

図 9.1　行と列の概念図

1.2 表の挿入

表を挿入するには，文書中の表を挿入したい箇所にカーソルを置き，【挿入】タブ → 『表』グループ → "表" ボタンをクリックして，一覧に表示される□にマウスポインタを合わせ，挿入する表の行数と列数を指定すると，挿入される文書中にシミュレートされるので，確認してクリックします。

このほか，《表の挿入》ダイアログボックス（図 9.2 参照）からでも表を挿入できます。手順は，【挿入】タブ → 『表』グループにある "表" ボタンをクリックして表示される一覧から「表の作成」を選択して《表の挿入》ダイアログボックスを開き，「列数」と「行数」のボックス内に数値を直接入力するか，ボックス右側の▲や▼をクリックして「列数」と「行数」を指定した後 "OK" をクリックします。

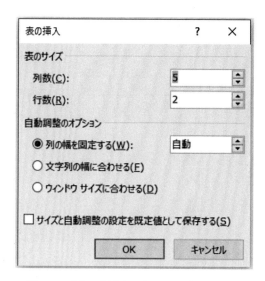

図9.2 《表の挿入》ダイアログボックス

1.3 表に文字を入力する

① 文字の入力

　挿入した表のセルに文字を入力して，文字列の方向や配置を設定します。セルに文字を入力するには，セル内にカーソルを移動して入力を行います。セル間のカーソル移動には矢印キーや TAB ，Shift + TAB を使用します。入力された文字列に対しては【ホーム】タブの『フォント』グループにあるボタンやボックスから書式を設定することができます（第8章❸節参照）。

② 文字列の配置と方向

　表をクリックするかセル内にカーソルを移動している時には，「表ツール」が表示され【デザイン】タブと【レイアウト】タブが選択できます。セル内での文字の配置を変更するには，対象のセルをクリックして【レイアウト】タブにある『配置』グループから任意の配置ボタンを選択します（図9.3参照）。また，セル内の文字列を縦書きまたは横書きに変更する場合には，対象のセルをクリックして，【レイアウト】タブ →『配置』グループにある"文字列の方向"ボタンをクリックして切り替えします。

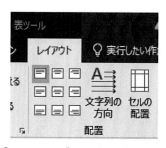

図9.3 【レイアウト】タブ →『配置』グループ

1.4 行や列の設定と操作

① 行や列の挿入

既存の表に行や列を挿入するには，挿入する行や列に隣接するセルへカーソルを置き，「表ツール」→【レイアウト】タブの『行と列』グループにある"上に行を挿入""下に行を挿入""左に列を挿入""右に列を挿入"の各ボタンをクリックして行や列を挿入します。また，セルにカーソルを移動して，右クリックで表示される「コンテキストメニュー」にある「挿入」の一覧からでも同じ操作が行えます。このほか，表の上辺と縦罫線が交わる箇所にマウスポインタを移動させ，表示される ⊕（図9.4 参照）をクリックすると左側に列が挿入されます。また，表の左辺と横罫線が交わる箇所にマウスポインタを移動させ，表示される ⊕（図9.5 参照）をクリックすると下に行が挿入されます。

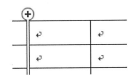

図9.4　表に列を挿入

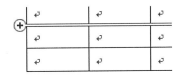

図9.5　行を挿入

② 行や列の削除

表から行や列を削除するには，削除するセルにカーソルを移動し，「表ツール」→【レイアウト】タブの『行と列』グループにある"削除"ボタンをクリックして表示される一覧から削除する対象を選択します。また，セルにカーソルを移動して，右クリックで表示される「コンテキストメニュー」にある《表の行／列／セルの削除》のダイアログからも同じ操作が行えます。

③ 行の高さの変更

行の高さを変更するには，高さを変更するセルにカーソルを置き，「表ツール」→【レイアウト】タブの『セルのサイズ』グループにある「高さ」ボックス内に数値を直接入力するか，ボックス右側の▲や▼をクリックして数値を指定します。このほか，セルの上下の境界線にマウスポインタを移動させると，マウスポインタが上下矢印に変更されるのでドラッグして行の高さを調整することができます。

複数の行にわたって行の高さを揃えるには，対象のセルを範囲選択して「表ツール」→【レイアウト】タブの『セルのサイズ』グループにある"高さを揃える"ボタンをクリックします。

④　列の幅の変更

　列の幅を変更するには，幅を変更するセルにカーソルを置き，「表ツール」→【レイアウト】タブの『セルのサイズ』グループにある「幅」ボックス内に数値を直接入力するか，ボックス右側の▲や▼をクリックして数値を指定します。このほか，セルの上下の境界線にマウスポインタを移動させると，マウスポインタが左右矢印に変更されるのでドラッグして列の幅を調整することができます。

　複数の行にわたって列の幅を揃えるには，対象になるセルを範囲選択して「表ツール」→【レイアウト】タブの『セルのサイズ』グループにある"幅を揃える"ボタンをクリックします。

1.5　文字列を表にする

　Word では，タブやカンマ，段落などで区切られた文字列を表に変換することができます。

　表に変換したい文字列を範囲選択して，【挿入】タブの"表"ボタンをクリック，一覧から「文字列を表にする」を選択して表示される《文字列を表にする》ダイアログボックス（図 9.6 参照）で，「文字列の区切り」を指定する。さらに，列数と行数を入力して"OK"をクリックします。

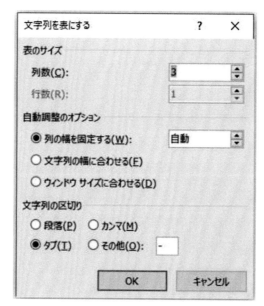

図 9.6　《文字列を表にする》ダイアログボックス

1.6　表を文字列にする

　Word では，表を解除して，各セルの内容をタブやカンマで区切られた文字列に変換することができます。

　解除したい表をクリックして，【レイアウト】タブの『データ』グループから"表の解除"ボタンをクリックします。さらに《表の解除》ダイアログボックス（図 9.7 参照）で，変換後の文字列に使用される区切りを指定して"OK"をクリックします。

図 9.7　《表の解除》ダイアログボックス

❷ 表の設定と装飾

2．1　セルの結合とセルの分割

① セルの結合

　隣接する複数のセルを結合するには，結合したいセルを範囲選択して，「表ツール」→【レイアウト】タブの『結合』グループから "セルの結合" ボタンをクリックして行います。もしくは，結合したいセルを範囲選択して，範囲選択された箇所を右クリックして表示される「コンテキストメニュー」から「セルの結合」をクリックすることで同様の操作を行うことができます。

② セルの分割

　セルを分割するには，分割したいセルにカーソルを移動し，「表ツール」→【レイアウト】タブの『結合』グループから "セルの分割" ボタンをクリックし，表示される《セルの分割》ダイアログボックス（図 9.8 参照）で分割後の列数と行数をボックスに入力して "OK" をクリックして行います。もしくは，分割したいセルを右クリックして表示される「コンテキストメニュー」から「セルの分割」をクリックすることで同様の操作を行うことができます。

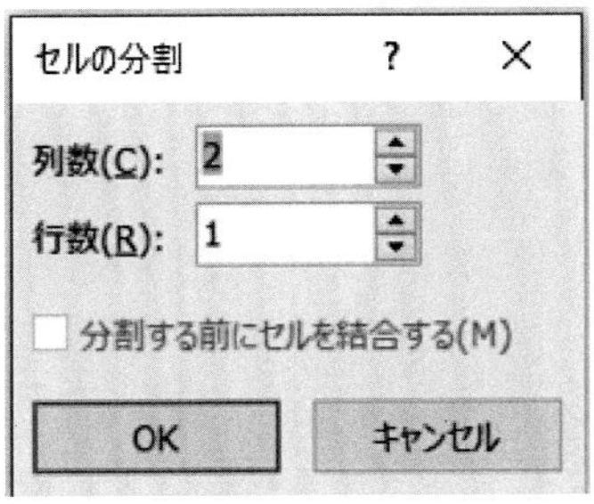

図 9.8　《セルの分割》ダイアログボックス

2.2 表の配置と文字列の折り返し

① 表の配置

　文書中における表の配置を設定するには，セルにカーソルを移動し，「表ツール」→【レイアウト】タブの『表』グループからプロパティをクリックして，《表のプロパティ》ダイアログボックス（図9.9参照）で【表】のタブにある「配置」の「左揃え」「中央揃え」「右揃え」から配置位置を選択し，必要であれば「左端からのインデント」ボックスでインデントを調整して“OK”をクリックします。《表のプロパティ》ダイアログボックスはセルを右クリックして表示される「コンテキストメニュー」から，「表のプロパティ」をクリックして，表示させることもできます。

図9.9 《表のプロパティ》ダイアログボックス

② 文字列の折り返し

　「文字列の折り返し」の「する」を設定した場合には，表の左右両端と文書の余白の間に文字列を入力することができます。セルにカーソルを置き，「表ツール」→【レイアウト】タブの『表』グループから“プロパティ”をクリックして，《表のプロパティ》ダイアログボックスで【表】のタブにある「文字列の折り返し」の「なし」／「する」を選択して“OK”ボタンをクリックして設定できます。表の移動時における文書のまわりこみについて，あり・なしを設定することができます。

2.3　表スタイルの適用
① 表のスタイル

　表のスタイルを設定すると，素早く簡単に表のデザインを変更することができます。

　スタイルを適用する表のセルにカーソルを移動し，「表ツール」→【デザイン】タブから「表のスタイル」ボックスの右下角にある「その他」をクリックして表スタイルの一覧を表示させます。一覧で表示された「標準の表」「グリッドテーブル」「表（一覧）」に属する各スタイルからデザインを選択します。

② 表スタイルのオプション

　表スタイルで設定される「タイトル行」や「集計行」，「縞模様」などの書式について，有効／無効を選択できます。すると，素早く簡単に表のデザインを変更することができます。

　セルにカーソルを置き，「表ツール」→【デザイン】タブから『表スタイルのオプション』グループにある各項目のチェックボックスでオプションの有無を設定できます。

2.4　罫線の移動
　表の罫線を設定することにより表を見やすく表現することができます。表が小さいなど操作対象の罫線が選択しにくい場合は，Word の画面右下にあるズームスライダーで拡大表示してから操作を行いましょう。

① 表のスタイル

　罫線上にマウスポインタを移動させるとマウスポインタの形が変わり，ドラッグすると罫線を平行移動させることができます。縦の罫線では，罫線をダブルクリックすることにより，罫線の左側のセルに入力された文字列の長さに合わせて罫線が移動します。なお，セルごとに縦の罫線の位置を変えるには，セルをトリプルクリックすると特定のセルの背景色が変化するので，この状態で移動させたい罫線をドラッグします。

② 罫線の挿入

　新たに罫線を挿入して，表のセルを分割したり，セルを挿入したりすることができます。セルにカーソルを置き，「表ツール」→【レイアウト】タブにある『罫線の作成』グループの"罫線を引く"ボタンをクリックすると，マウスポインタの形が変わるので，そのまま既存の罫線上から別の罫線や表の外側に向けてドラッグします。また，罫線のない場所を斜めにドラッグすると新たにセルが挿入されます。罫線の挿入が完了したら，再度"罫線を引く"ボタンをクリック，もしくは ESC キーを押すことで，マウスポインタの形を元に戻せます。

　このほか，【ホーム】タブの"罫線"ボタンからも罫線を挿入することができます。罫線を挿入したいセルにカーソルを置き，【ホーム】タブの『段落』グループにある"罫線"ボタン右側の▼をクリックして，一覧から罫線を挿入する位置を選択します。

③　罫線の削除

　罫線を削除して表やセルの形を変更します。セルにカーソルを置き，「表ツール」→【レイアウト】タブにある『罫線の作成』グループの"罫線の削除"ボタンをクリックすると，マウスポインタが消しゴムの形に変わります。この状態で削除する罫線をクリックで選択，もしくはドラッグで範囲選択して罫線を削除します。再度"罫線の削除"ボタンをクリック，もしくは ESC キーを押すことで，マウスポインタの形を元に戻せます。

④　罫線の書式設定

　罫線に書式を設定することにより，線の種類や太さ，色などの書式を設定することができます。
　セルにカーソルを置き，「表ツール」→【デザイン】タブにある『飾り枠』グループの「ペンのスタイル」ボックス右側の▼をクリックして，一覧から罫線の種類を選択するとマウスポインタの形が変わります。そのまま既存の罫線をクリックして書式を変更します。罫線の太さや色を変更する場合も同様に，「表ツール」→【デザイン】タブにある『飾り枠』グループの「ペンの太さ」や「ペンの色」ボックスで書式を指定するとマウスポインタの形が変わり，既存の罫線をクリックして書式を変更します。罫線の書式設定が完了したら，『飾り枠』グループの"罫線の書式設定"ボタンをクリックし，マウスポインタの形を戻します。
　このほか，【ホーム】タブの"罫線"ボタンからも罫線の書式を変更することができます。罫線を挿入したいセルにカーソルを置き，【ホーム】タブの『段落』グループにある"罫線"ボタン右側の▼をクリックして，一覧から「線種とページ罫線と網かけの設定」を選択すると表示される《線種とページ罫線と網かけの設定》ダイアログボックス（図 9.10 参照）で書式の設定が行えます。

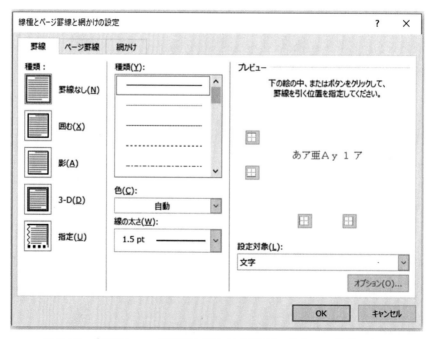

図 9.10　《線種とページ罫線と網かけの設定》ダイアログボックス

❸ ヘッダーとフッター

　印刷する用紙の上下余白部分に，文書のタイトルやファイル名，日付，ページ番号など，複数のページに共通する内容（文字）を表示する領域があります。ページの上部は「ヘッダー」と呼び，ページの下部は「フッター」と呼びます。ヘッダーやフッターは，すべてのページに同じ内容を表示することもできますが，設定すると先頭ページや奇数ページ，偶数ページでそれぞれの設定ができます。

3.1　ヘッダーおよびフッターの挿入

　【挿入】タブの『ヘッダーとフッター』グループの"ヘッダーの追加"または"フッターの追加"ボタンをクリックします。「組み込み」メニューが表示されるので，挿入したいヘッダーまたはフッターの種類を選択します。編集したい内容を入力後，「ヘッダー／フッター ツール」→"ヘッダーとフッターを閉じる"ボタンをクリックします。

　このほか，ヘッダーやフッターの領域でダブルクリックするとヘッダーやフッターが編集可能となり，本文をダブルクリックすると本文の編集に戻ることができます。

　※ヘッダーやフッターを編集中は，本文の文字色が薄くなり，本文を編集中はヘッダーやフッターの文字色が薄く表示されます。

　※ヘッダーやフッターのフォントや文字の色は，【ホーム】タブに切り替えて文書と同じ操作によってフォントや色が変更できます。

3.2　ヘッダーおよびフッターに便利な表示項目

　ヘッダーまたはフッターに，ページ番号や日付と時刻，ドキュメント情報（作成者やファイル名など）を表示することができます。ヘッダーやフッターをダブルクリックして編集可能状態で，「ヘッダー／フッター ツール」→【デザイン】タブの「ページ番号」や「日付と時刻」，「ドキュメント情報」を選択すると設定ができます。編集後「ヘッダー／フッター ツール」→"ヘッダーとフッターを閉じる"ボタンをクリックします。

3.3　ヘッダーおよびフッターの削除

　ヘッダー部分またはフッター部分をダブルクリックで選択後，「ヘッダー／フッター ツール」→【デザイン】タブの『ヘッダーとフッター』グループで，「ヘッダー」または「フッター」を選択し，「ヘッダーの削除」または「フッターの削除」を選択します。

❹ 目次の作成

　ページ数が多い文書（説明書やレポート，論文など）を作成する場合，章や節，項など文書を階層構造で表現し，目次を作成すると文書の管理が簡単に行えます。目次を作成するには，本

文中の章や節に「見出し」と呼ばれるスタイルを設定し，目次と見出しを関連付けします。目次を作成すると，見出しに対する項目やページ番号が自動的に表示されるので，ページ番号の修正や項目の入力ミスを防ぐことができます。

4.1　見出しの設定

　Wordでは，階層構造を表現する見出しが「見出し1」から「見出し9」まで用意されています。階層が1番上（章）を「見出し1」として，2番目（節），3番目（項）…と考えます。見出しを設定しない文章を一般的に「本文」として扱います。

　本文の文章から「見出し1」を設定する場合，本文の見出しに設定する文字にカーソルを移動します。【ホーム】タブ →『スタイル』グループの「見出し1」をクリックします。同様に，「見出し2」および「見出し3」などを設定します。

4.2　文書の構成を変更する

　文書の構成は，ナビゲーションウィンドウで確認することができます。ナビゲーションウィンドウでは，見出しの場所に移動したり，見出し単位で文章を入れ替えたりすることができます。

① 　ナビゲーションウィンドウの表示／非表示

　ナビゲーションウィンドウの表示／非表示は，【表示】タブの「ナビゲーションウィンドウ」のチェックボックスをクリックして，ON ／ OFF を切り替えます。

② 　ナビゲーションウィンドウの見出しレベルを変更

　ナビゲーションウィンドウの見出しを右クリックし，「見出しレベルの表示」にマウスポインタを合わせ，指定したい見出しレベルをクリックします。

③ 　指定した見出しへ移動

　ナビゲーションウィンドウ中の移動したい見出しをクリックする。

④ 　設定した見出しレベルを変更

　ナビゲーションウィンドウ中の見出しレベルを変更したい見出しを右クリックし，「レベル上げ」または「レベル下げ」を選択します。

⑤ 　見出し単位で文章の入れ替え

　ナビゲーションウィンドウ中の移動したい見出しをドラッグすると，見出し単位で文章の順番が入れ替わります。

⑥ 　見出し単位で文章の削除

　ナビゲーションウィンドウ中の削除したい見出しを右クリックし「削除」を選択すると，指定した見出しに含まれる下位のレベルや本文などの内容も同時に削除されます。単純に見出しのみを設定解除するには，スタイルを「見出し」から「標準」に変更しましょう。

4.3　目次の設定

　目次を作成する位置にカーソルを移動し，【参考資料】タブの『目次』グループで"目次"ボタンをクリックします。「組み込み」メニューが表示されるので，「ユーザー設定の目次」を選択します。《目次》ダイアログボックスが表示されますので，【目次】タブを選択します。「ページ番号を表示する」や「ページ番号を右揃えにする」などの必要な項目を選択し，"OK"ボタンをクリックします。

①　目次から指定した見出しへ移動

　Ctrl キーを押しながら目次の見出しをクリックすると，指定した見出しにカーソルが移動します。

②　目次の更新

　見出しや文章の編集をした場合，ページ数や見出しを更新する必要があります。最新情報に更新するには，【参考資料】タブの『目次』グループで"目次の更新"ボタンをクリックし，更新する内容を確認して"OK"ボタンをクリックします。

❺　画像とワードアート

　Word では，画像やオンライン画像，図形，アイコン，SmartArt，グラフ，ワードアートなど，さまざまな図を挿入することができます。
　※グラフは第 13 章を参照。
　※図形やアイコン，SmartArt は第 14 章を参照。

5.1　画像の挿入

　Word では，文字だけでなくイラストや写真などを挿入することができます。画像は，インターネット上のファイルと利用者があらかじめ用意したファイルの 2 つに大別されます。ファイルの内容として，デジタルカメラの写真（.jpeg や .bmp），イメージスキャナで取り込んだ画像（.pdf や .jpeg），イラストデータ（.gif）などがあります。

①　画像の挿入方法（オリジナル画像）

　デジタルカメラで撮影した画像やスキャナで取り込んだ画像，ペイントなどで作図した画像，それぞれのオリジナル画像をページ内に挿入できます。
　画像を挿入したい場所をクリックし，カーソルを移します。【挿入】タブを選択します。『図』グループの"画像"ボタンをクリックすると，《図の挿入》ダイアログボックス（図 9.11 参照）が表示されます。ファイルが保存されているフォルダからファイルを選択し，"挿入"ボタンをクリックします（ファイルをダブルクリックしても画像が挿入されます）。
　※画像の編集（次頁）を参考に，ページ全体の構成を調整します。

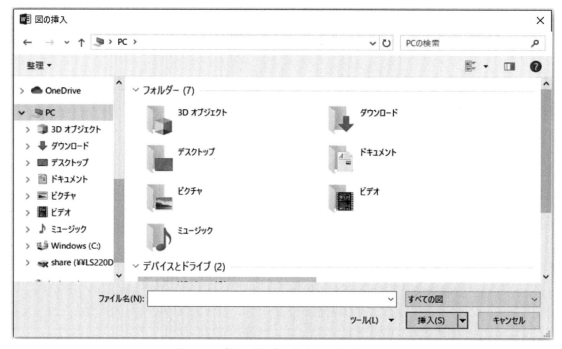

図9.11 《図の挿入》ダイアログボックス

5.2 オンライン画像の挿入

　オンライン画像とは，インターネット上にあるイラストや写真などの画像を指します。人物や動物，建物，地図，風景など多くの種類があり，キーワード検索して，文書に画像を直接挿入できます。

① オンライン画像の挿入方法
　画像を挿入したい場所をクリックし，カーソルを移します。【挿入】タブを選択します。『図』グループの"オンライン画像"ボタンをクリックすると，《オンライン画像》ウィンドウが表示されます。テキストボックスに検索するキーワードを入力し，Enterキーを押すとオンライン画像の候補が表示されます。オンライン画像をクリックして選択し，"挿入"ボタンをクリックします。
　※画像の編集（5.3節）を参考に，ページ全体の構成を調整します。
　※画像には著作権に関する事項があります。著作権など他者の権利を尊重する責任があります。必ず画像に対する著作権を確認して画像を利用しましょう。

5.3 画像の編集
　挿入した画像を大きくしたり，小さくしたり，回転させたりするなどができます。

① 「レイアウトオプション」の利用
　画像を選択している状態では，画像の右上に「レイアウトオプション」（図9.12参照）が表示

されます。「レイアウトオプション」では，画像の挿入位置を「行内」や「文字列の折り返し」など，文字と画像との関係を示すことができます。

図9.12　レイアウトオプション

・「行内」：文字と同様に1行中に画像を挿入します。文章中の文字は画像を避けて配置されます。
・「四角形」，「狭く」，「内部」：ページ中に配置でき，文章中の文字と画像が重ならないように配置されます。
・「上下」：文字が行単位で画像を避けて配置されます。
・「背面」，「前面」：文字と画像が重なって配置されます。
② 画像の拡大／縮小
　拡大および縮小したい画像をクリックして選択後，白いハンドル（図9.13参照）を白い矢印の方向へドラッグします。

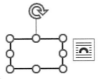

図9.13　画像を選択時のハンドル

③ 画像の回転
　回転したい画像をクリックして選択後，回転ハンドルをドラッグします。
④ 画像の移動
　移動したい画像をクリックして選択後，マウスポインタをドラッグします。

　　※Shiftキーを押しながらドラッグすると，縦方向や横方向に画像を直線的に移動できます。

⑤　画像の削除

　削除したい画像をクリックして選択後，Deleteキーを押して削除します。

⑥　グループ化

　グループ化すると，複数の画像を1つの画像として操作（拡大や縮小，移動，複製，削除など）することができるようになります。グループ化は，ShiftキーやCtrlキーを押しながら，複数のオブジェクトを選択（クリック）し，右クリックして「グループ化」→「グループ化」を選択します。

　　※グループ化の解除は，右クリック →「グループ化」→「グループ解除」を選択します。

⑦　画像の重なり順の変更

　画像を重ねて表示した場合，画像の重なり順を変更することができます。重なり順を変更したい画像を右クリックして，「最前面へ移動」や「前面へ移動」，「背面へ移動」，「最背面へ移動」のいずれかを選択し，重なり順を変更します。

5.4　ワードアート

　文字に視覚的な効果（形や角度，色，立体など）を与える機能をワードアートと呼びます。Microsoft Word では，あらかじめ複数の効果が用意されています（図9.14 参照）ので，簡単に文字を装飾できます。一般的には，強調したいタイトルやキャッチコピーなどに用います。

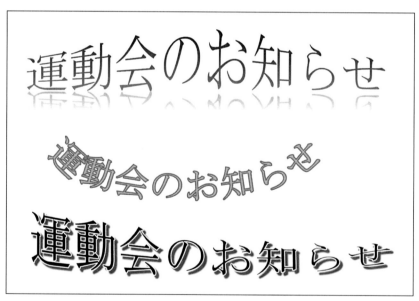

図9.14　ワードアートの使用例

①　ワードアートの挿入

　ワードアートを挿入する場所をクリックしカーソルを移します。【挿入】タブ →『テキスト』グループの"ワードアート"ボタンをクリックし，文字の種類を選択してクリックします。「こ

こに文字を入力」と表示されるので，クリックして文字を編集します。ワードアートのエリア以外をクリックするとワードアートが確定します。

② 　ワードアートの編集

　ワードアートをクリックすると，ワードアート中にカーソルが表示されて編集可能状態になります。同時に「描画ツール」が表示され【書式】タブのワードアートのスタイルでワードアートを編集することができます。

　インパクトがある文字列にするには，「描画ツール」→【書式】タブ→『ワードアートのスタイル』→「文字の効果」→「変形」後，形状を「停止」などにします。

　※ワードアートの文字全体を選択するには，ワードアートをクリック（カーソル表示および枠線が点線の状態）後，さらにワードアートの枠線をクリック（カーソルが消えて枠線が実線の状態）します。

　※ハンドルをドラッグしてワードアートを拡大／縮小することができます。

③ 　ワードアートの削除

　ワードアートをクリックし，さらにワードアートの枠線をクリックして，ワードアート全体を選択した状態で Delete キーを押します。

第9章　練習問題

※あらかじめファイル "練習問題-09章.docx" を USB に複製して開き，以下の練習問題を行いましょう。

1. 表を新規作成しましょう。

　（指示の無いものは，既定の設定とする）

①　本文の上から4行目に，6行5列の表を挿入します。

②　3行目から6行目のセルの高さを 10mm に変更します。

③　3行目の2列目と3列目のセルを結合します。さらに同様に，4行目の2列目と3列目のセルを結合します。

④　6行目の2列目から5列目のセルを結合します。

⑤　6行目の下に行を挿入します。

⑥　6行1列目と7行1列目のセルを結合します。

⑦　5行2列目と5行4列目のセルの右側にある罫線を，それぞれセルの幅が半分になるよう左に移動します。

⑧　6行目と7行目の間にある罫線のスタイルを破線に変更します。

⑨　1行1列目から2行2列目までの各セルを構成する罫線を削除します。

⑩　【完成例】を参照して表に文字列を入力します。さらに，入力した文字列の配置を中央揃えに設定します。

学外実習登録カード	学籍番号	学部	学年
ふりがな		希望曜日	希望時間
氏名			
連絡先	自宅	携帯	
希望する 活動内容			

図 9.15　練習問題（1）【完成例】

2. ページにヘッダーとフッターを挿入しましょう。
  ① ページの右上にヘッダーを挿入し，"第001号"と入力しましょう。
  ② ページの下中央にフッターを挿入し，ページ番号を設定しましょう。

3. 目次の作成をしましょう。
  ① 下の文章に見出しを設定しましょう。
     見出し1：アブストラクト，第1章はじめに，第2章実験，第3章まとめ，第4章おわりに，参考文献
     見出し2：第1章の1.1 現状把握，1.2 問題点，1.3 仮説
           第2章の2.1 実験系，2.2 実験条件，2.3 実験結果
  ② 目次を作成しましょう。
  ③ 章および節のそれぞれに空白行を5行挿入し，"目次の更新"を行って，ページ数が変化したことを確認しましょう。

4. 図形や画像を挿入しましょう。
  ① 保存されているオリジナルの画像（練習9-運動会.jpg）を挿入し，大きさを調整しましょう。画像をレイアウトオプションで"行内"に設定しましょう。
  ② オンライン画像（検索キーワード："運動会"）を挿入し，大きさを調整しましょう。画像をレイアウトオプションで"四角形"に設定しましょう。
  ③ 図形の"星5"を2つ挿入し，図形のレイアウトオプションを"前面"に設定しましょう。
  ④ 図形（星5）の塗りつぶしを黄色と緑色にそれぞれ設定し，図形の線種を赤色に変更しましょう。
  ⑤ 2つの星を移動や拡大・縮小を行い，2つ重ねて"前面"と"背面"を変更してみましょう。

─── 第10章 ───

Microsoft PowerPoint による
プレゼンテーション

① プレゼンテーションの基本

●プレゼンテーションの目的

　集められたデータや，そこから導き出された自身の考察，意見などを他者に伝える方法は，出版，動画作成，SNS での拡散，芸術活動などさまざまにあります。プレゼンテーションもこうした他者に伝える方法の 1 つです。優れたプレゼンテーションは，限られた時間内で，聞き手に対して，発表者の伝えたい内容を明確に伝えることができます。PowerPoint は，こうしたプレゼンテーションを円滑に進行させるのに便利なソフトウェアです。また PowerPoint では，Word や Excel からテキストや表，グラフなどを簡単に移行できるため，資料作成の時間を短縮することができます。

② PowerPoint の基本操作

　PowerPoint は，作成・編集したスライドをプレゼンテーションの進行に沿って順次表示することができるソフトウェアです。PowerPoint の操作を習熟するために，まず必要なことは，とりあえずやってみることです。PowerPoint の画面構成は，Word や Excel と類似点が多いため，すでにいずれかを操作した経験があれば，基本的な操作を習得するのは決して難しくはありません。では早速，PowerPoint を起動させましょう。

2．1　プレゼンテーションを作成・保存する

　PowerPoint を起動して表示された画面から，「新しいプレゼンテーション」を左クリックすると，「プレゼンテーション 1」という名前のファイル（プレゼンテーションファイル）が作成されます。

　ファイルを保存するには，画面左上にある【ファイル】タブをクリックして表示される画面から，「名前を付けて保存」をクリックします。仮に，ファイルの保存先をクラウドにする場合は「OneDrive」，使用している PC に保存する場合には「この PC」をクリックして，画面右上にある「ここにファイル名を入力してください」と表示されたブロックに任意のファイル名を入力します。

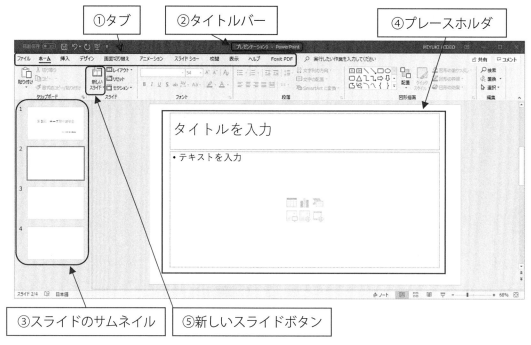

図 10.1　PowerPoint の画面構成

　一度保存したことのあるファイルを上書き保存する場合は，ウィンドウ左上にあるクイックアクセスツールバーにある“上書き保存”ボタンをクリックします。あるいは，【ファイル】タブをクリックして表示される画面から，「上書き保存」をクリックします。また，ショートカットキー Ctrl + S でも「上書き保存」ができます。

2.2　スライドを挿入・削除する

　スライドを新たに挿入するには，【ホーム】タブの『スライド』グループにある“新しいスライド”ボタンをクリックします。“新しいスライド”ボタン下部の▼をクリックして表示される一覧から追加するスライドの種類を選択します。あるいは，画面左側にあるスライドのサムネイルを右クリックして，表示されるメニューから，「新しいスライド」を選択します。

　スライドを削除する場合には，画面左側にあるスライドのサムネイルから，削除したいスライドのサムネイルを右クリックして，表示されるメニューから，「スライドの削除」を選択します。

2.3　スライドを並べ替える

　画面左側にあるスライドのサムネイルを上下にドラッグするとスライドの順序を入れ替えることができます。また，スライドのサムネイルから，移動させたいスライドのサムネイルを右クリックして，表示されるメニューから，「切り取り」を選択後，移動先にカーソルを合わせて右クリック，表示されるメニューから，「貼り付け」を選択することでもスライドは移動できます。

2.4　テキストを入力する

　スライド内の入力したい箇所をクリックしてカーソルを移動させ，文字列を入力します。その際，「テキストを入力」と表示された箇所に入力する場合には，デフォルトで文字列に「箇条書き」が設定されています。重要なキーワードを箇条書きにすることで，聞き手に伝えたい内容を簡潔に示すことができます。

2.5　テキストを書式設定する

　フォント，フォントサイズ，フォントの色といった文字の書式は，Word の書式設定（8章）と同様に，【ホーム】タブの『フォント』グループにある各ボタンから設定します。

2.6　スライドのテーマを変更する

　PowerPoint には，スライドのデザインとして複数のテーマが用意されています。テーマを変更することで，簡単にスライドのレイアウトや模様，文字の書式などを変更することができます。
　スライド全体のテーマを変更するには，【デザイン】タブの『テーマ』グループにある「テーマ」の一覧から，使用する「テーマ」を選択します。
　1つのスライドのテーマを変更するには，「テーマ」を選択する際に「テーマ」を右クリックして表示される一覧から「選択したスライドに適用」をクリックします。

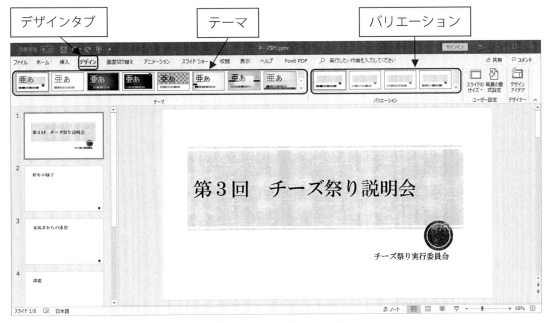

図 10.2　デザインの変更

2.7　スライドのバリエーションを変更する

「テーマ」には，それぞれ複数のパターンの「バリエーション」が用意されています。「テーマ」を変更するとレイアウトや書式も変更されますが，「バリエーション」の変更では，レイアウトや書式を変えずに，背景や配色を変更することができます。

「バリエーション」の変更は，【デザイン】タブの『バリエーション』グループにある一覧から，使用する「バリエーション」を選択します。

❸ オブジェクトの挿入

文字列に加えて，図形，表，グラフ，SmartArt，画像などのオブジェクトをスライドに挿入することで，スライドの視覚効果を高めることができます。

3.1　図形やテキストボックスを挿入する

スライドに図形を挿入するには，【挿入】タブの『図』グループにある，"図形"ボタンをクリックして表示される一覧から挿入する図形を選択します。

テキストボックスを使用して，スライドに文字列を挿入する場合には，【挿入】タブの『テキスト』グループにある，"テキストボックス"ボタンをクリックするとカーソルのアイコンが変化するので，テキストボックスを配置したい場所にカーソルを移動させ，そこでドラッグしてテキストボックスの大きさを決めます。

挿入した図形やテキストボックスは，周縁部にある○のいずれかをドラッグすることで，サイズを変更できます。

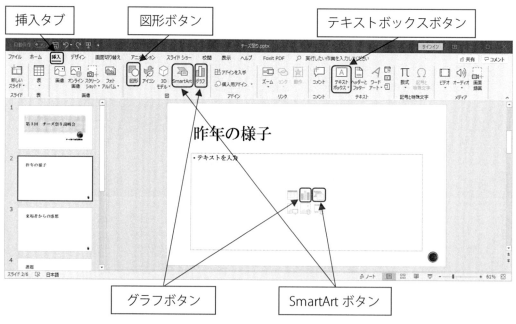

図 10.3　図形やテキストボックスの挿入

3.2　図形やテキストボックスを書式設定する

　図形やテキストボックスの色（塗りつぶし）や効果，枠線といった書式を設定するには，設定したい対象を選択して，【書式】タブの『図形スタイル』グループにある各ボタンから変更を行います。

3.3　表を挿入する

　スライドに表を挿入するには，【挿入】タブの『表』グループにある，"表"ボタンをクリックして表示される一覧から，挿入する表の列数と行数を指定します。このほか，Excel や Word 上で作成された表をコピーして貼り付けることもできます。

　挿入された表の各セルをクリックすると，キーボードから文字列や値を入力できます。

　また，挿入された表は，周縁部にある○のいずれかをドラッグすると，サイズを変更できます。

3.4　表を書式設定する

　挿入した表の色（塗りつぶし）や効果，罫線の種類といった書式を設定するには，設定したい表やセルを選択して，【デザイン】タブの『表スタイル』グループにある各ボタンから変更を行います。

3.5　グラフを挿入する

　スライドにグラフを挿入するには，【挿入】タブの『図』グループにある"グラフ"ボタンをクリックして表示される《グラフの挿入》ダイアログから，挿入するグラフの種類を選択す

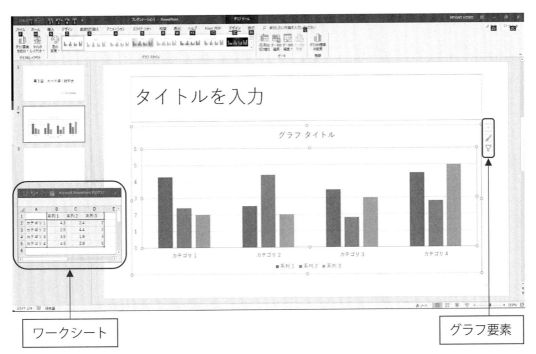

図 10.4　グラフの挿入

98 —◎

ると，ワークシートが表示されるので，そのワークシートの「カテゴリ」（項目），系列，値などに，文字列や数値を入力して，グラフに反映するデータ範囲を表周縁の□をドラッグして指定します。

このほかの方法として，Excelで作成したグラフ（第13章❷）をコピーして貼り付けることもできます。

3.6　グラフを書式設定する

挿入されたグラフの書式やデザインを変更するには，Excelで作成したグラフへの書式設定（第13章1.3および第13章2.7）と同様に，対象のグラフをクリックして，グラフの右側に表示されるグラフ要素「＋」から設定できるのに加えて，【デザイン】タブおよび【書式】タブの各ボタンから設定します。

3.7　SmartArtを挿入する

スライドにSmartArtを挿入するには，【挿入】タブの『図』グループにある，"SmartArt"ボタンをクリックして表示される《SmartArtグラフィックの選択》ダイアログボックスから，挿入するSmartArtを選択します。

挿入したSmartArtの左側に表示されるテキストウィンドウへ入力した内容は，そのままSmartArtに反映されます。

SmartArt内の図形を削除するには，図形外縁部をクリックしてからDeleteキーを押します。また，図形を追加するには，図形を右クリックして表示される一覧から「図形の追加」にカー

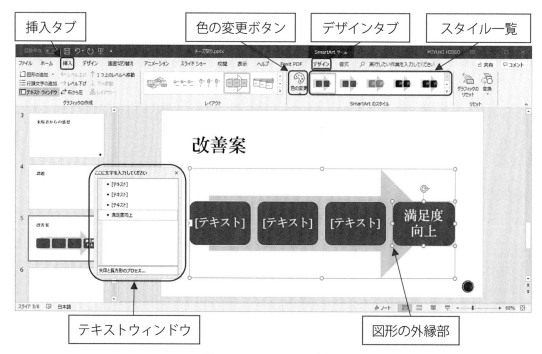

図10.5　SmartArtの挿入

ソルを合わせ，図形を追加する方向を選択します。

3.8　SmartArt を書式設定する

　SmartArt の色を変更するには，変更したい対象をクリックして，【デザイン】タブにある『SmartArt のスタイル』のスタイル一覧や"色の変更"ボタンから配色やスタイルを選択します。加えて，SmartArt 内の図形に個別に色を変更する場合には，【書式】タブの『図形のスタイル』グループにある各ボタンから設定します。

3.9　画像を挿入する

　スライドへ事前に用意した写真やイラストを挿入するには，【挿入】タブの『画像』グループにある"画像"ボタンをクリックして表示されるウィンドウから，挿入する画像ファイルを選択します。

　また，挿入した写真やイラストのサイズや効果，スタイルを変更するには変更したい対象をクリックして，【書式】タブにある各ボタンから設定を行います。

3.10　動画を挿入する

　スライドに動画を挿入するには，【挿入】タブの『メディア』グループにある"ビデオ"ボタンをクリックして表示される一覧から「このコンピュータ上のビデオ」を選択するとウィンドウが開くので，そこから挿入する動画ファイルを選択します。

　挿入した動画の長さを編集するには，対象の動画をクリックして，【再生】タブにある"ビデオのトリミング"ボタンをクリックして表示されるダイアログから，動画の「開始時間」と「終了時間」を指定します。

④　アニメーションの設定

　スライドが切り替わる時の動きや，テキスト，グラフなどにアニメーションを設定することで，内容に対する聞き手の関心を高めることが期待できます。

4.1　画面切り替えを設定する

　スライドショーでスライドが切り替わる時の動作を設定するには，設定を行うスライドを選択してから，【画面切り替え】タブの『画面切り替え』グループにある一覧から使用したい画面の切り替え方法を選択します。さらに，必要であれば右隣の"効果のオプション"ボタンをクリックして効果を設定します。

　設定した画面の切り替えの動きを確認するには，【画面切り替え】タブの"プレビュー"ボタンをクリックします。他にも，【スライドショー】タブにある"最初から"ボタンをクリックして，実行されるスライドショーからも確認できます。

図10.6　画面切り替えの設定

4.2　スライドにアニメーションを設定する

　スライドに挿入された，図形，表，SmartArt，画像などにアニメーションを設定するには，設定を行う対象をクリックしてから【アニメーション】タブの『アニメーション』グループにある一覧から使用したいアニメーションを選択します。さらに，必要であれば右隣の“効果のオプション”ボタンをクリックして動きの方向や効果を設定します。

図10.7　アニメーションの設定

4.3　グラフにアニメーションを設定する

　スライドに挿入されたグラフに，アニメーションを設定するには，設定を行うグラフをクリックしてから【アニメーション】タブの『アニメーション』グループにある一覧から使用したいアニメーションを選択します。さらに，右隣の“効果のオプション”ボタンをクリックして表示される一覧から，動きの方向に加えて，「系列別」や「項目別」といったグラフ内で作動するアニメーションの順序を設定します。

❺　プレゼンテーションの実行

　作成したスライドを使ってプレゼンテーションを実行します。事前にスライドショーを使って本番のシミュレーションを行い，内容や所要時間を確認しましょう。

5.1　スライドショーを実行する

　1枚目のスライドからスライドショーを開始するには，【スライドショー】タブの“最初から”ボタンをクリックします。また，途中のスライドからスライドショーを開始するには，開始す

るスライドを選択してから，【スライドショー】タブにある"現在のスライドから"ボタンを
クリックします。

　スライドショーをクリックで進めていくと，最後のスライドの次に，黒いスクリーンが一度
表示され，スライドショーは終了します。

5.2　発表者ツールを使用する

　スライドショーの実行中に発表者ツールを使うと，スライド枚数や次のスライド，タイマー，
ノートなど発表者に有用な情報を表示させることができます。

　発表者ツールは，PC モニターとプロジェクターのように 2 画面以上を使用する環境では，
PC モニター側に表示されるように初期設定されています。1 画面しか使用していないなどの
理由で表示されない場合には，スライドショーを開始してから，スライドを右クリックして表
示される一覧から「発表者ツールを表示」を選択します。

　スライドショー実行中に要点やポイントなどを，ペンや蛍光ペンを使って強調するには，発
表者ツールの"ペンとレーザーポインターツール"ボタンをクリックして表示される一覧から
必要な機能を選択して，スライド上の加筆したい箇所でカーソルをドラッグします。

図 10.8　発表者ツール

●印刷設定

　配布や提出資料用にスライドを印刷するには，【ファイル】タブをクリックして表示される
画面から，「印刷」を選択します。その画面から，部数，印刷する範囲，印刷レイアウト，カラー
などを設定します。

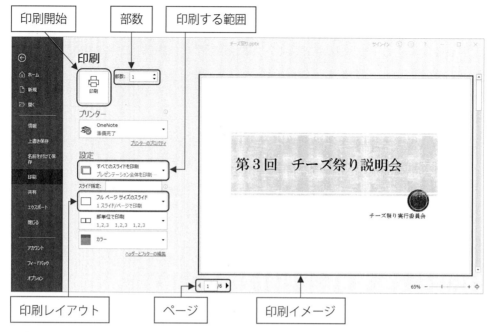

図 10.9　印刷設定

第10章　練習問題

　以下の条件に沿って，公民館で開講される講座の参加者を募集する内容で，3枚以上のスライドで構成されるプレゼンテーションファイルを作成してください。条件を規定されていない部分は，解答者の自由選択に任せます。

[条件1] 次の内容をスライドに記載する。
① 講座名，内容紹介，開講曜日，開講時間を実際の講座を参考に各自で考えて記載する。
② 開講期間　5月1日〜9月30日
③ 申込期間　3月30日〜4月7日
④ 申込先　○○公民館
⑤ 受講料　8,000円

[条件2] 次の書式やオブジェクトを設定する。
① 表，もしくはSmartArtを1つ以上挿入する。
② 図形，もしくは画像を1つ以上挿入する。
③ 画面切り替えをすべてのスライドに設定する。
④ アニメーションを1つ以上設定する。

[条件3] スライドショーを実行する。
① スライドショーを実行して，アニメーションなどが意図通りに動作するか確認する。
② スライドショーを実行して，強調したい部分を，蛍光ペンを使って強調する。

─── 第11章 ───

Microsoft Excel による表計算の基礎

❶ Excel の基本操作

1.1 Excel とは

Microsoft Excel（以下，Excel と表記します）は Microsoft 社の Office に含まれる統合型表計算ソフトウェアであり，表の作成や加工，表の上での数式や関数を用いた計算，グラフの作成，データの集計などを行うことが可能で，資料やビジネス文書の作成，レポートや論文の作成などにも活用できます。

1.2 Excel の画面構成

Excel を起動するには，Microsoft Windows のスタートボタンから「Microsoft Office 2019」，「Excel2019」の順に選択します。Excel を起動するとスタート画面が表示されるので，そこから「空白のブック」を選択します。図 11.1 に Excel の画面構成を示します。

図 11.1 における，それぞれの名称は次の通りです。

① **クイックアクセスツールバー**

よく使うコマンドを登録し，ボタン1つで利用することができます。初期設定として「上書き保存」，「元に戻す」，「やり直し」が登録されています。

② **タイトルバー**

ブック名（最初に起動したとき "Book1"）とアプリケーション名（Excel）が表示されます。

③ **リボン／タブ**

関連する処理ごとに「ホーム」，「挿入」などで分類され，選択すると「リボン」が表示されて色々な処理（コマンド）を行うためのボタンが表示されます。

④ **行番号**

シートの行番号を示します。行番号は 1 ～ 1,048,576 行目まであります。

⑤ **列番号**

シートの列番号を示します。列番号は A ～ XFD まであります。

⑥ **セ　ル**

行と列が交わる1つ1つのマス目であり，列番号と行番号で位置（座標）を表します。基本

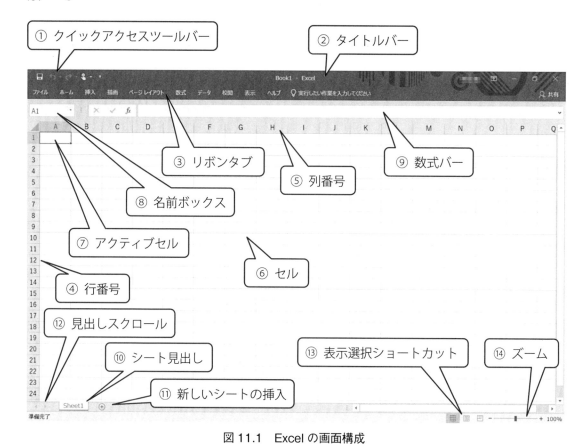

図 11.1　Excel の画面構成

的に，Excel ではセルにデータを入力します。

⑦　アクティブセル

　処理を行う対象となるセルのことで，セルが太枠で表示されるとともに右下に■（フィルハンドル）が表示されます。また，アクティブセルに対する行番号と列番号の背景色が変わります。

⑧　名前ボックス

　アクティブセルの位置などが表示されます。

⑨　数式バー

　アクティブセルの内容が表示されます。セル上で計算を行う場合は，計算式や関数などが表示されます。

⑩　シート見出し

　シートを識別する見出しです。Excel のファイルを新規作成した場合，1 つのシートが表示されます。

⑪　新しいシートの挿入

　右端にシートを新たに挿入するためのボタンです。

⑫　見出しスクロール

　シート見出しを表示する領域を移動します。

⑬　表示選択ショートカット

表示モードを切り替えるためのボタンです。「標準」，「ページレイアウト」，「改ページプレビュー」のモードで切り替えができます。

⑭　ズーム

シートの表示倍率を変更することができます。

1.3　ブックの作成と保存

Excel ではファイルをブックとして管理します。Excel を起動すると，自動的に新規のブック（Book1）が表示されます。新規のブックでは 1 枚のシート（Sheet1）があり，必要に応じてシートを追加することができます。1 枚のシートは，1,048,576 行× 16,384 列（XFD 列）のセルで構成されます。

また，ブックを作成中に他のブックを新たに作成するには，【ファイル】タブをクリックして「新規」を選択します（図 11.2）。

保存されているブックを開くには，【ファイル】タブをクリックして「開く」を選択します。作成中のブックを新たに保存するには，【ファイル】タブをクリックして「名前を付けて保存」を選択します（図 11.2）。ファイル名を変えずに上書き保存する場合，または初めてそのファイルを保存する場合は，【ファイル】タブをクリックして「上書き保存」を選択するか，「クイックアクセスツールバー」の"上書き保存"ボタンをクリックします。作業中のブックを閉じるには，ブック右上の"閉じる"ボタンをクリックします。

図 11.2　情報画面

❷ データの入力と表示

2.1 セルへのデータの入力

(1) 文字列の入力

　セルにデータを入力するには，入力対象のセルをマウスでクリックしてアクティブセルにします。アクティブセルにデータを入力して文字を確定させてから Enter キーまたは "↓" キーを押すと，1つ下のセルにアクティブセルが移動します。1つ右のセルにアクティブセルを移動させるには Tab キーまたは "→" キーを押します。アクティブセルに文字列を入力すると，入力した文字列が左揃えで表示されます。列幅よりも長い文字列を入力すると，右側のセルに続けて表示されますが，右側のセルにもデータが入力されているとセルの幅の分だけ文字列が表示されます。

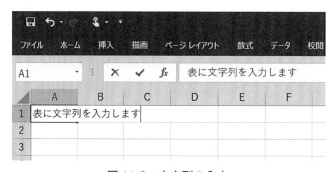

図 11.3　文字列の入力

(2) 数値の入力

　アクティブセルに数値を入力すると，入力した数値が右揃えで表示されます。このとき，入力モードを半角英数字にしておくと効率的に入力することができます。

図 11.4　数値の入力

(3) データの編集

　入力したセルのデータを修正するには，修正したいセルをダブルクリックして「編集状態」にしてから入力されたデータを変更します。また，セルの内容全体を上書きするには，そのセルをアクティブセルにしてから新しいデータを入力し直します。

　セルに入力したデータの一部を他のセルにコピーまたは移動するには，コピーまたは移動したいセルをダブルクリックして「編集状態」にしてから，文字列や数値列を範囲選択します。そして，【ホーム】タブの『クリップボード』グループにある“コピー”ボタン（移動の場合は“切り取り”ボタン）をクリックし，貼り付け先のセルをアクティブセルにしてから“貼り付け”ボタンをクリックします。すでに貼り付け先のセルが入力されていて，そこに追加して貼り付ける場合は貼り付け先のセルも「編集状態」にして，該当する場所にカーソルを移動してから“貼り付け”ボタンをクリックします。

(4) セルの内容を削除

　入力したセルのデータを削除するには，対象のセルをマウスでクリックしてアクティブセルにします。そして，[Delete]キーを押すと，セル内の文字や数値がすべて削除されます。

2.2　オートフィル機能

　オートフィルは，マウスのドラッグによって連続したデータを上下左右の隣接したセルに入力することをいいます。例えば，セル A2 から A13 に「1 月」，「2 月」，…，「12 月」と入力するには，まずセル A2 に「1 月」と入力します。そして，セル A2 がアクティブセルになっていることを確認します（図 11.5 (a)）。A2 のフィルハンドル（■で表示された部分）をマウスでポイントすると，マウスポインタの形が＋に変わります。

　マウスポインタの形が＋になっているのを確認し，セル A13 までドラッグします。ドラッ

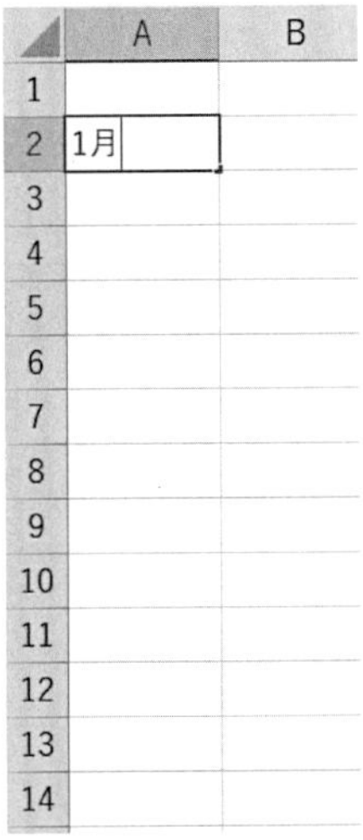

(a) 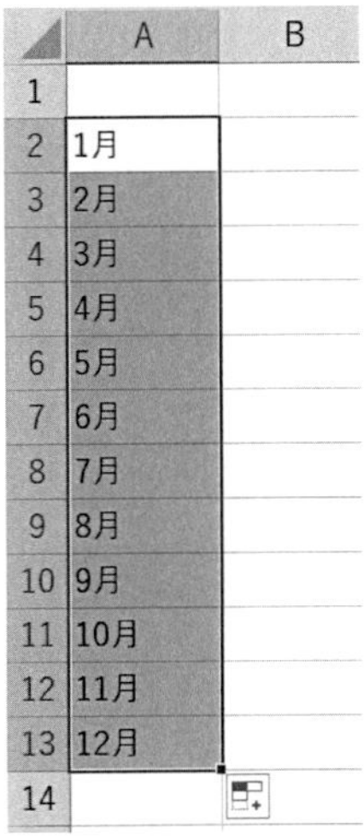　　　　　　　　　(b)

図 11.5　オートフィル機能

グすると連続したデータが自動的に入力されます（図11.5（b））。

　オートフィル機能を実行すると，右下に（オートフィルオプション）が表示されます。例えば，セル A2 から A13 すべてに「1 月」と入力したいときは，オートフィル機能を実行後にオートフィルオプションをクリックしてから「セルのコピー」を選択します。

　他にも"月曜日～日曜日"，連番数値"0 ～ 100"，"第 1 四半期～第 4 四半期"，十二支"子～亥"，英語での曜日"Sun ～ Sat"，英語での 1 年"Jan ～ Dec"，奇数"1, 3, 5, 7 …"，偶数"0, 2, 4, 6 …"，"10, 20, 30 …"といった数値を連続して入力させることも可能です。

２．３　セル範囲の選択

　セル範囲を選択するには，選択するセルをドラッグします。例えば，セル A1:B5（A1 ～ B5）を選択するにはセル A1 から B5 をドラッグします。また，A1:B5，D1:D5（D1 ～ D5），F1:F5（F1 ～ F5）のように離れたセル範囲を同時に選択するには，まずセル A1 から B5 をドラッグします。そして，Ctrl キーを押しながらセル D1 ～ D5 をドラッグし，最後にセル F1 ～ F5 をドラッグします（図11.6）。

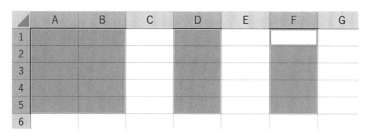

図 11.6　セルの範囲選択

３　セルの書式設定

３．１　セルの挿入と削除

　セルを挿入するには，挿入したい場所のセルを選択して右クリックしてから「挿入」を選択します。例えば，セル A1 と A2 の間にセルを挿入するには，セル A2 をアクティブセルにして右クリックして「挿入」を選択し，《挿入》ダイアログボックスが表示されたら「下方向にシフト」を選択します。同様に，セル A1 と B1 の間にセルを挿入するには，セル B1 をアクティブセルにしてから右クリックして「挿入」を選択し，《挿入》ダイアログボックスが表示されたら「右方向にシフト」を選択します。

　セルを削除するには，削除するセルを選択して右クリックしてから「削除」を選択します。《削除》ダイアログボックスが表示されたら，「左方向にシフト」または「上方向にシフト」を選択します。「左方向にシフト」を選択すると，選択されたセルの右側のセルが移動します。同様に，「上方向にシフト」を選択すると，選択されたセルの下側のセルが移動します。

3.2　セルの配置やインデントの変更

　通常，セルに数字を入力すると自動的に右揃えで表示され，文字列を入力すると自動的に左揃えで表示されますが，必要に応じて配置を変更することができます。配置を変更したりインデントの設定を行ったりする際にはセルを選択してから図 11.7 の各種ボタンを選択します。

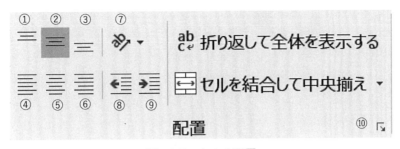

図 11.7　セルの配置

　それぞれのボタンの意味は次の通りです。

① **上揃え**

　セルの内容を上詰めで表示します。

② **上下中央揃え**

　セルの内容を上下中央に表示します。

③ **下揃え**

　セルの内容を下詰めで表示します。

④ **左揃え**

　セルの内容を左詰めで表示します。

⑤ **中央揃え**

　セルの内容を中央に揃えます。

⑥ **右揃え**

　セルの内容を右詰めで表示します。

⑦ **方　向**

　文字列を斜めまたは縦方向に回転します。この機能は，狭い列に文字列を表示する場合に用いられます。

⑧ **インデントを減らす**

　内容とセル枠線の間の余白を減らします。

⑨ **インデントを増やす**

　内容とセル枠線の間との間隔を広くします。

⑩ **ダイアログボックス起動ツール**

　3.3 にて使用します。

3.3 セルの表示形式

通常，セルにはキーボードなどから入力した内容がそのまま表示されますが，セルの書式設定を行うことにより表示形式を変更することができます。セルの表示形式を変更するには，ダイアログボックス起動ツール（図11.7⑩）をクリックします。クリックすると《セルの書式設定》ダイアログボックスが表示されます（図11.8）。【表示形式】タブを選択することで，セルの書式設定が可能になります。

図11.8　セルの書式設定

また，【ホーム】タブにある『数値』グループのボタンからも表示形式を設定することができます（図11.9）。図11.9のボタンの意味は次の通りです。

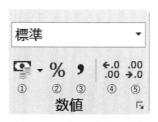

図11.9　表示形式の設定

① 通貨表示形式

ドルやユーロ，日本円などの通貨を表示形式とします。

② パーセントスタイル

パーセントとして書式設定します。例えば，0.1 という数値を 10%と表示します。

③ 桁区切りスタイル

桁区切り記号を付けて書式設定します。

④ 小数点以下の表示桁数を増やす

小数点以下の桁数を増やします。

⑤ 小数点以下の表示桁数を減らす

小数点以下の桁数を減らします。

❹ テーブルの作成と設定

4.1 テーブルの作成

ワークシートの行と列に関連データとしてまとめたものを「テーブル」として書式設定などの管理を行うことができます。テーブル機能を使用すると，ワークシート内の他の行および列内のデータから独立して，見出し行の設定，集計列や集計行の設定，並べ替えなど，テーブル内の行および列内のデータを管理できます。

すでに入力されたデータをもとにテーブルを作成するには，テーブルにする任意のセルを選択してから【挿入】タブの『テーブル』グループにある"テーブル"ボタンを選択します。このとき，「先頭行をテーブルの見出しとして使用する」のチェックを入れておきます。図 11.10 (a) のデータは (b) のようなテーブルになります。

(a)

	A	B	C	D	E
1	支店別売上データ（単位：万円）				
2					
3		東京支店	大阪支店	福岡支店	
4	4月	2,436	1,972	3,394	
5	5月	1,276	2,214	4,264	
6	6月	3,282	997	1,168	
7	7月	1,683	4,371	739	
8	8月	994	2,264	2,549	
9	9月	1,168	1,169	4,487	
10	10月	3,510	2,298	937	
11	11月	4,462	899	2,975	
12	12月	2,491	4,006	4,162	
13	1月	867	3,281	1,084	
14	2月	2,743	1,697	792	
15	3月	3,544	3,846	4,382	
16					

(b)

	A	B	C	D	E
1	支店別売上データ（単位：万円）				
2					
3	列1	東京支店	大阪支店	福岡支店	
4	4月	2,436	1,972	3,394	
5	5月	1,276	2,214	4,264	
6	6月	3,282	997	1,168	
7	7月	1,683	4,371	739	
8	8月	994	2,264	2,549	
9	9月	1,168	1,169	4,487	
10	10月	3,510	2,298	937	
11	11月	4,462	899	2,975	
12	12月	2,491	4,006	4,162	
13	1月	867	3,281	1,084	
14	2月	2,743	1,697	792	
15	3月	3,544	3,846	4,382	
16					

図 11.10　テーブルの作成

4.2 テーブルの書式設定

任意の書式でテーブルを設定することもできます。図11.10（b）のような表をあらかじめ作成しておきましょう。テーブル内の任意のセルをクリックして『テーブルスタイル』グループで ⬇ （その他）ボタンをクリックしてから，「淡色」の左上隅にある「なし」を選択します。さらに，【ホーム】タブの『編集』グループにある "並べ替えとフィルター" ボタンをクリックして，「フィルター」のチェックをオフにしておきます。

テーブルで格子状に罫線を引くには，テーブル全体を範囲選択してから【ホーム】タブの『フォント』グループにある "罫線" ボタンの▼をクリックします。そこから「格子」を選択します（図11.11）。

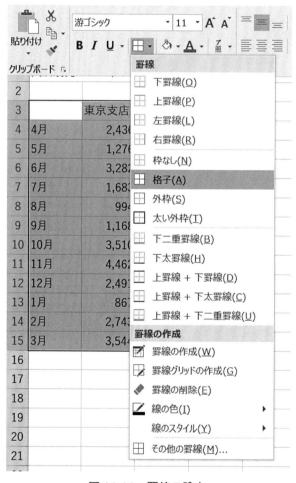

図11.11　罫線の設定

「格子」を選択すると，格子状のテーブルが作成されます（図11.12）。また，テーブルを範囲指定したまま "罫線" ボタンの▼をクリックして「外枠太罫線」を選択すると，外枠が太線の格子状のテーブルが作成されます。

また，任意のセルに任意のスタイルの罫線を引くこともできます。"罫線" ボタンの▼をク

	A	B	C	D	E
1	支店別売上データ（単位：万円）				
2					
3		東京支店	大阪支店	福岡支店	
4	4月	2,436	1,972	3,394	
5	5月	1,276	2,214	4,264	
6	6月	3,282	997	1,168	
7	7月	1,683	4,371	739	
8	8月	994	2,264	2,549	
9	9月	1,168	1,169	4,487	
10	10月	3,510	2,298	937	
11	11月	4,462	899	2,975	
12	12月	2,491	4,006	4,162	
13	1月	867	3,281	1,084	
14	2月	2,743	1,697	792	
15	3月	3,544	3,846	4,382	
16					

図11.12　罫線つきテーブル

リックして，図11.11 で表示されるような「線の色」や「線のスタイル」を設定した後に「罫線の作成」を選択すると，マウスポインタの形が鉛筆に変わります。マウスをドラッグすると，ドラッグしたところに指定したスタイルで罫線を引くことができます。罫線の作成をキャンセルするには Esc キーを押します。すでに引かれた罫線を削除するには，"罫線" ボタンの▼をクリックして「罫線の削除」をクリックすると，マウスポインタの形が消しゴムに変わります。マウスをドラッグすると，ドラッグした場所の罫線が削除されます。

　セルに塗りつぶしを行うには，該当するセルを選択してから【ホーム】タブの『フォント』グループにある ✎・（"塗りつぶしの色" ボタン）の▼をクリックして色を選択します。

第11章　練習問題

1. Excel を用いて，自分の時間割表を作成してみましょう。
2. 就職活動やアルバイトなどで活用できる履歴書を作成してみましょう。

─── 第12章 ───

Microsoft Excel における関数

❶ 関数とは

　Excel であらかじめ定義されている数式を関数と呼びます。関数は，関数名と引数（関数に必要な変数）で構成されます。関数の利用方法は，数式と同じく結果を表示したいセルに次のように記述します。

= 関数名（引数）　　　または　　　= 関数名（引数1,引数2,引数3,・・・）

　※引数は，関数によって，複数指定したり省略したりする場合があります。
　※引数は，数式や関数，値（数値や文字），参照セルを入力できます。

---

❷ 関数の入力

※あらかじめファイル "練習問題-12章-01.xlsx" を USB に複製し，開いておきましょう。

２．１　関数の入力方法
　関数を入力するには，次に示す3通りの方法があります。

---

①　Σ▾ "合計" ボタンを使う
②　fx "関数の挿入" ボタンを使う
③　キーボードで直接入力する

（1）"合計" ボタンを使う
　Excel で，よく利用される関数（合計や平均など）が簡単に設定できます。
　Σ▾ 記号（Σ）の部分をクリックすると，SUM（合計を求める）関数が設定され，引数を指定するだけで計算式が完成します。合計を求める以外の関数を使用する場合，記号（▼）の部分をクリックすると，プルダウンメニューが表示され，次に示す機能（表12.1）が設定できます。

表 12.1　合計ボタンのプルダウンメニューリスト

計算式	関数名	機　能
合計	SUM	合計を求めます
平均	AVERAGE	平均値を求めます
数値の個数	COUNT	数値が入っているセルの個数を数えます
最大値	MAX	最大値を求めます
最小値	MIN	最小値を求めます
その他の関数	────	《関数の挿入》ダイアログボックス（図 12.1 参照）が表示されます

【例題 1】受験者（セル A5）の合計点を求め，セル G5 に表示させましょう。

① 結果を表示するセル（G5）をクリックし，アクティブセルにします。

② ∑･ 記号（Σ）の部分をクリックします。

　… コンピュータが自動的に範囲選択します。

③ セル B5 から F5 をドラッグして範囲を指定します。

　… 引数には B5:F5 と表示されます。

④ Enter キーを押して計算式を確定します。

　… 計算結果（合計点の"182"）が表示されます。

　… 数式バーには，計算式を示す"=SUM（B5:F5）"が表示されます。

(2)"関数の挿入"ボタンを使う

　数式バーの fx（関数の挿入）ボタンをクリックすると，《関数の挿入》ダイアログボックス（図 12.1 参照）が表示され，関数を簡単に設定できます。

【例題 2】受験者（セル A6）の合計点を求め，セル G6 に表示させましょう。

① 結果を表示するセル（G6）をクリックし，アクティブセルにします。

② fx（関数の挿入）ボタンをクリックします。

　…《関数の挿入》ダイアログボックスが表示されます。

③ ［関数の検索］欄に"合計"と入力し"検索開始"ボタンをクリックします。

　… 関数名の一覧に関連した関数がリストアップされます。

④ ［関数名］のリストから"SUM"を選択し，OK ボタンをクリックします。

　…《関数の引数》ダイアログボックス（図 12.2 参照）が表示されます。

⑤ ［数値 1］欄にカーソルを移動し，範囲をドラッグして選択します。

　… 計算結果（合計点の"157"）が表示されます。

※テキストボックスに範囲を直接入力することもできます。

※テキストボックス右の 圏（ダイアログ縮小）ボタンをクリックすると，ダイアログボックスが小さく表示され，ドラッグ（範囲選択）しやすくなります。

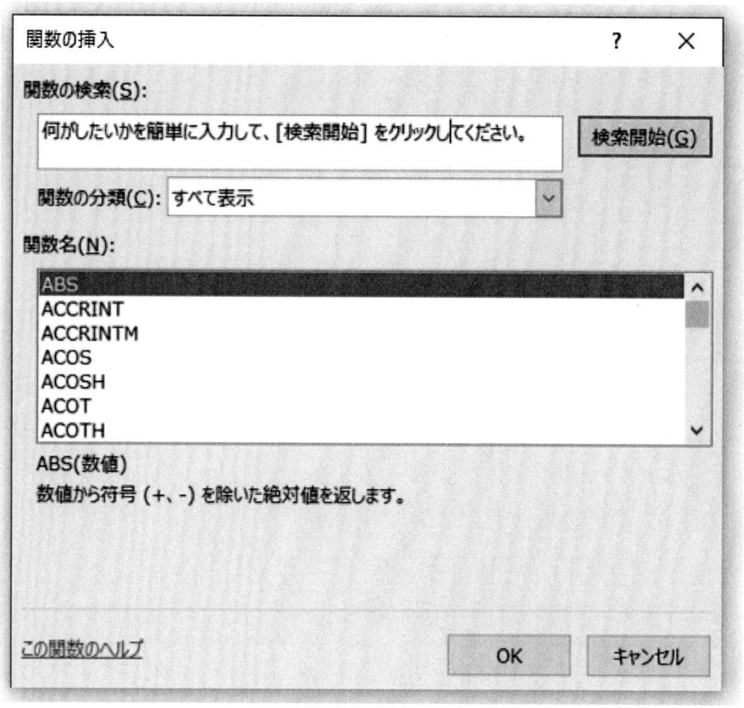

図 12.1 《関数の挿入》ダイアログボックス

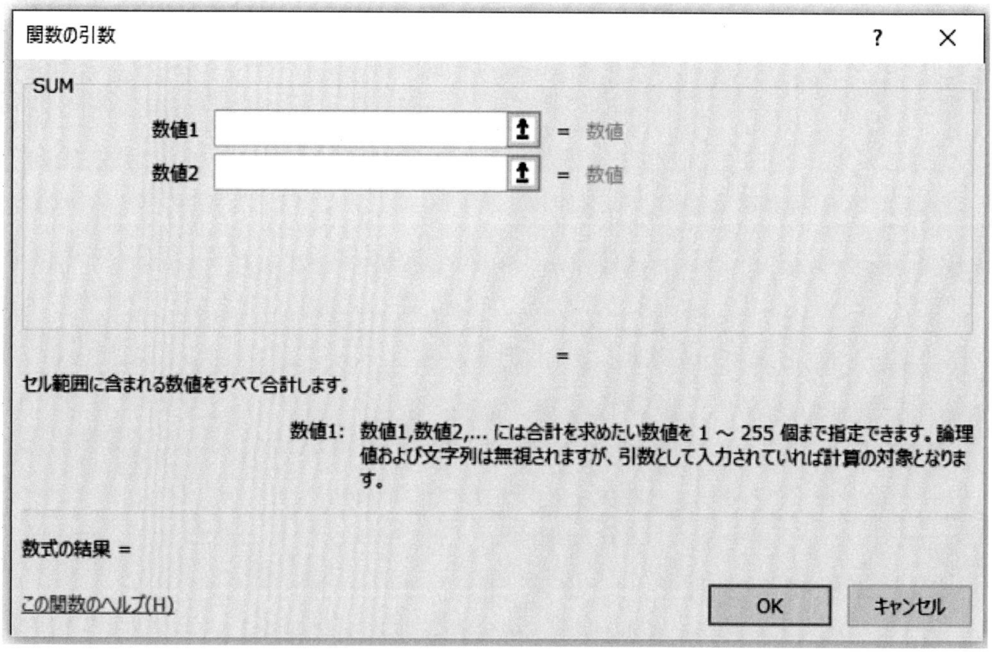

図 12.2 《関数の引数》ダイアログボックス

(3) キーボードで直接入力する

　数式や値の入力方法と同様に，関数をキーボードから直接入力できます。関数名や引数がわかっている場合には，直接入力した方が効率的な場合があります。

【例題 3】受験者（セル A7）の合計点を求め，セル G7 に表示させましょう。

①　結果を表示するセル（G7）をクリックし，アクティブセルにします。

②　セル G7 に，"=sum（B7:F7）"と入力します。

　　※すべて半角文字で入力しましょう。

③　Enter キーを押して計算式を確定します。

　　… 計算結果（合計点の"160"）が表示されます。

2.2　Excel でよくつかう関数

(1)　合計を求める（SUM 関数）

SUM 関数とは，セル範囲に含まれる数値をすべて合計します。

　書式：= SUM（数値 1 [,数値 2] [,数値 3] [,・・・]）

　　引数は，1 つ以上必要であり，数値や数値を含む名前，配列，セル参照を指定できます。具体的な引数の指定方法として，セル A1 から A5 をセル範囲とする場合，はじめのセル A1 とおわりのセル A5 との間に半角の：(コロン) を挿入します（"A1:A5"と入力します）。セル A1 と B5 のように離れたセルを指定する場合，セル A1 とセル B5 との間に半角の，(カンマ) を挿入します（"A1,B5"と入力します）。

(2)　平均値を求める（AVERAGE 関数）

AVERAGE 関数とは，引数の平均値を返します。

　書式：= AVERAGE（数値 1 [,数値 2] [,数値 3] [,・・・]）

　　引数は，1 つ以上必要であり，数値や数値を含む名前，配列，セル参照を指定できます。複数の引数を指定する場合は，SUM 関数と同様に，(カンマ) で区切ります。計算式は，論理値および文字列，空白セルは無視されますので，(引数で指定した数値の総和) ÷ (総和したセルの個数) で計算されます。

(3)　最高点を求める（MAX 関数）

MAX 関数とは，引数の最大値を返します。

　書式：= MAX（数値 1 [,数値 2] [,数値 3] [,・・・]）

　　引数は，1 つ以上必要であり，数値や数値を含む名前，配列，セル参照を指定できます。複数の引数を指定する場合は，SUM 関数と同様に，(カンマ) で区切ります。論理値および文字列は無視されます。

(4)　最低点を求める（MIN 関数）

MIN 関数とは，引数の最小値を返します。

書式：＝ MIN（数値 1 ［,数値 2］［,数値 3］［,・・・］）

> 引数は，1つ以上必要であり，数値や数値を含む名前，配列，セル参照を指定できます。
> 複数の引数を指定する場合は，SUM 関数と同様に，（カンマ）で区切ります。
> 論理値および文字列は無視されます。

(5) 数値が入っているセルの個数を求める（COUNT 関数）
COUNT 関数とは，範囲内の数値が含まれるセルの個数を返します。

書式：＝ COUNT（数値 1 ［,数値 2］［,数値 3］［,・・・］）

> 引数は，1つ以上必要であり，数値や数値を含む名前，配列，セル参照を指定できます。
> 複数の引数を指定する場合は，SUM 関数と同様に，（カンマ）で区切ります。
> 論理値および文字列は無視されます。

(6) 空白以外のセルの個数を求める（COUNTA 関数）
COUNTA 関数とは，範囲内の空白でないセルの個数を返します。

書式：＝ COUNTA（数値 1 ［,数値 2］［,数値 3］［,・・・］）

> 引数は，1つ以上必要であり，数値や数値を含む名前，配列，セル参照を指定できます。
> 複数の引数を指定する場合は，SUM 関数と同様に，（カンマ）で区切ります。

２．３　オートカルク

　オートカルクとは，合計や平均などの簡単な計算結果をステータスバーに一時的に表示する機能です。セル範囲をドラッグするだけで計算結果が確認できるので，関数を入力する手間も省けます。検算などに利用すると便利です。

　オートカルクの設定方法は，ステータスバーを右クリックして“ステータスバーのユーザー設定”を開き，項目名［平均］から［合計］までで必要な項目に☑（✔点）を付けます。利用方法は，セル範囲をドラッグして範囲指定するだけで，計算結果がステータスバーに表示されます。

❸ 相対参照と絶対参照

　計算式や関数でセル参照する場合，①相対参照，②絶対参照，③複合参照の 3 つに大別されます。特に，計算式が入力されているセルの複製や移動を行う場合，行や列の追加・削除を行う場合など，参照するセルの列番号や行番号が変化するので注意しましょう。

3．1　相対参照

　相対的に変化するセルを参照する意味を持ち，式を複製すると計算式の内容は変化させず，参照するセル番地が変化します。このようなセルの参照方法を"相対参照"と呼びます。

【例題4】新規のワークシートで相対参照を行ってみましょう。

	A	B	C
1	100	200	100
2	200	400	
3	300	600	

（Cの式）
=A1

例えば，セル C1 に"=A1"と入力して，オートフィルでセル C2 から C3 まで複製した場合を考えてみましょう。

	A	B	C
1	100	200	100
2	200	400	200
3	300	600	300

（Cの式）
=A1
=A2
=A3

それぞれの式を表示すると左の通りです。セル C2 の式は"=A2"と変化し，セル C3 の式は"=A3"と変化しています。

　これは，C1 の位置から2つ左のセルの内容を表示することになっており，複製した時に C2 の位置から2つ左のセル（A2），C3 の位置から2つ左のセル（A3）をそれぞれ参照していることになります。

【例題5】続けて相対参照を行ってみましょう。

	A	B	C	D
1	100	200		
2	200	400	100	
3	300	600		

（Cの式）	（Dの式）
=A1	

例えば，セル C2 に"=A1"と入力して，セル D3 に複製した場合を考えてみましょう。

	A	B	C	D
1	100	200		
2	200	400	100	
3	300	600		400

（Cの式）	（Dの式）
=A1	
	=B2

式を表示すると左の通りです。セル D3 の式は"=B2"と変化します。

　これは，セル C2 の位置から2つ左で1つ上のセルを参照して表示することになっており，複製した時に D3 の位置から2つ左で1つ上のセル（B2）を参照していることになります。

【例題6】 さらに続けて相対参照を行ってみましょう。

	A	B	C
1	100	200	300
2	200	400	
3	300	600	

(Cの式)
=A1+B1

例えば，セル C1 に "=A1+B1" と入力して，オートフィルでセル C2 から C3 まで複製した場合を考えてみましょう。

	A	B	C
1	100	200	300
2	200	400	600
3	300	600	900

(Cの式)
=A1+B1
=A2+B2
=A3+B3

それぞれの式を表示すると左の通りです。
セル C2 の式は "=A2+B2" と変化し，セル C3 の式は "=A3+B3" と変化しています。

　セル C1 の式をセル C2 から C3 に複製した場合，計算式が変化する理由は，参照するセルが相対的な位置を示しているからなのです。C1 の式を解説すると，"A1（C1 から見て 2 つ左のセル）＋ B1（C1 から見て 1 つ左のセル）の和を求める" という計算式なのです。したがって，セル C2 の式は C2 から見て 2 つ左のセル（A2）＋ C2 から見て 1 つ左のセル（B2），すなわち A2 ＋ B2 に変化しているのです。C3 も同じ理由で A3 ＋ B3 に変化することになります。

　参考までに，セル C1 の計算式をセル D1 に複製した場合，セル D1 の式は "B1（D1 から見て 2 つ左のセル）＋ C1（D1 から見て 1 つ左のセル）の和を求める" という計算式となります。

3.2　絶対参照

　相対的に変化しないセルを参照することも可能です。参照する列番号と行番号の前にそれぞれ "$（ドル）記号" を入力します。すると特定のセルを参照することとなります。このようなセルの参照方法を "絶対参照" と呼びます。

【例題7】 新規のワークシートで絶対参照を行ってみましょう。

	A	B	C
1	100	200	100
2	200	400	
3	300	600	

(Cの式)
=$A$1

例えば，セル C1 に "=$A$1" と入力して，オートフィルでセル C2 から C3 まで複製した場合を考えてみましょう。

	A	B	C
1	100	200	100
2	200	400	100
3	300	600	100

(Cの式)
=$A$1
=$A$1
=$A$1

それぞれの式を表示すると左の通りです。
セル C2 の式は "=$A$1"，セル C3 の式は "=$A$1" と，参照セルが変化しません。

　これは，C1 が参照するセルは $A$1 となっており，列番号と行番号が固定されているからです。複製した時にも，列番号と行番号が固定された A1 を参照することになります。よって，C2 と C3 も $A$1 を参照することになります。

【例題8】 続けて絶対参照を行ってみましょう。

	A	B	C	D
1	100	200		
2	200	400	100	
3	300	600		

（Cの式）	（Dの式）
=$A$1	

例えば，セル C2 に "=$A$1" と入力して，セル D3 に複製した場合を考えてみましょう。

	A	B	C	D
1	100	200		
2	200	400	100	
3	300	600		100

（Cの式）	（Dの式）
=$A$1	
	=$A$1

式を表示すると左の通りです。セル D3 の式は "=$A$1" と参照するセルは変化しません。

　これは，C2 が参照するセルは $A$1 となっており，列番号と行番号が固定されているからです。複製した時にも，列番号と行番号が固定された A1 を参照することになります。よって，D3 は $A$1 を参照することになります。

【例題9】 さらに続けて絶対参照を行ってみましょう。

	A	B	C
1	100	200	300
2	200	400	
3	300	600	

（Cの式）
=A1+$B$1

例えば，セル C1 に "=A1+$B$1" と入力して，オートフィルでセル C2 から C3 まで複製した場合を考えてみましょう。

	A	B	C
1	100	200	300
2	200	400	400
3	300	600	500

（Cの式）
=A1+$B$1
=A2+$B$1
=A3+$B$1

それぞれの式を表示すると左の通りです。セル C2 の式は "=A2+$B$1" と変化し，セル C3 の式は "=A3+$B$1" と変化しています。

　セル C1 の式をセル C2 から C3 に複製した場合，A1 は相対参照なので計算式が変化します。しかしながら，$B$1 は列も行も固定した値なので変化しません。

　参考までに，セル C1 の計算式をセル D1 に複製した場合，セル D1 の式は "B1（D1 から見て2つ左のセル）＋ $B$1（固定）の和を求める" という計算式となります。

3.3　複合参照

　これまで相対参照と絶対参照を説明しましたが，列番号や行番号のいずれかを固定する場合があります。このようなセルの参照方法を "複合参照" と呼びます。

【例題10】下の複合参照を考えてみましょう。

	A	B	C	D	E
1		100	200	300	400
2	100				
3	200				
4	300				
5	400				

左の表を作成し，セルB2に“=$A2+B$1”と式を入力して，セルB2の内容をセルB2からE5まで複製した場合を考えてみましょう。

	A	B	C	D	E
1		100	200	300	400
2	100	200	300	400	500
3	200	300	400	500	600
4	300	400	500	600	700
5	400	500	600	700	800

結果は左の通りとなります。
列番号と行番号，それぞれを固定すると，複雑な参照ができることがわかります。

　参考までに，セルB2の式をセルC2に複製した場合，式は“=$A2+C$1”と変化します。B3に複製した場合，“=$A3+B$1”に変化します。

※“$”は直接入力できますが，数式バーや F2 キーを使って数式を表示して，変更したいセル番地にカーソルを合わせて F4 キーを複数回押すと，“A1（相対参照）”→“$A$1（絶対参照）”→“A$1（行番号のみ固定）”→“$A1（列番号のみ固定）”→“A1”→・・・と“$”の位置が順番に切り替わります。

 数値を丸める関数

※あらかじめ，ファイル“練習12-02.xlsx”をUSBに複製して，開いておきましょう。

（1）四捨五入（ROUND関数）
　ROUND関数とは，数値を指定した桁数に四捨五入した値を返します。

書式：= ROUND（数値, 桁数）

　　数値：数値や数値を含む名前，配列，セル参照を指定できます。
　　桁数：小数点以下の桁数を数値で指定します（ゼロや負の数を入力しても動作します）。
　　具体的には，数値123.456が設定されている場合，桁数を“1”に設定すると123.5が結果となり，桁数を“-1”に設定すると120が結果となります。
　　※『数値』グループの小数点以下の表示桁数の増減は，数値が変更されず表示のみ変化しますが，ROUND関数では数値そのものが変化しますので注意！
　　※負の数を四捨五入する場合，5未満の数値は切り捨てられて元の数値より大きくなり，

5 以上の数値は切り上げられて元の数より小さくなりますので注意！

(2) 切り上げ（ROUNDUP 関数）

ROUNDUP 関数とは，数値を指定した桁数に切り上げした値を返します。

書式：= ROUNDUP（数値,桁数）

数値：数値や数値を含む名前，配列，セル参照を指定できます。

桁数：小数点以下の桁数を数値で指定します（ゼロや負の数を入力しても動作します）。

具体的には，数値 123.456 が設定されている場合，桁数を "1" に設定すると 123.5 が結果となり，桁数を "-1" に設定すると 130 が結果となります。

※『数値』グループの小数点以下の表示桁数の増減は，数値が変更されず表示のみ変化しますが，ROUNDUP 関数では数値そのものが変化しますので注意！

※負の数を切り上げする場合，0 以外の数値は切り上げられて元の数より小さくなりますので注意！

(3) 切り捨て（ROUNDDOWN 関数）

ROUNDDOWN 関数とは，数値を指定した桁数に切り捨てした値を返します。

書式：= ROUNDDOWN（数値,桁数）

数値：数値や数値を含む名前，配列，セル参照を指定できます。

桁数：小数点以下の桁数を数値で指定します（ゼロや負の数を入力しても動作します）。

具体的には，数値 123.456 が設定されている場合，桁数を "1" に設定すると 123.4 が結果となり，桁数を "-1" に設定すると 120 が結果となります。

※『数値』グループの小数点以下の表示桁数の増減は，数値が変更されず表示のみ変化しますが，ROUNDDOWN 関数では数値そのものが変化しますので注意！

※負の数を切り捨てする場合，0 以外の数値は切り捨てられて元の数より大きくなりますので注意！

(4) 整数化（INT 関数）

INT 関数とは，小数点以下を切り捨てて整数にした値を返します。

書式：= INT（数値）

数値：数値や数値を含む名前，配列，セル参照を指定できます。

具体的には，数値 "123.456" が設定されている場合，結果は "123" が返されます。負の数値 "-123.456" が設定されている場合，結果は "-124" が返されます。

※『数値』グループの小数点以下の表示桁数の増減は，数値が変更されず表示のみ変化しますが，INT 関数では数値そのものが変化しますので注意！

（5）条件分岐（IF 関数）

　条件分岐とは，指定した条件（論理式）に対して，"満たしている（真の場合）"と"満たしていない（偽の場合）"で異なった処理を行います（図12.3 参照）。条件分岐では，一般的に IF 関数を用います。

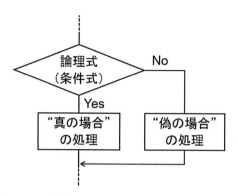

図12.3　条件分岐の流れ図（フローチャート）

書式：＝ IF（論理式,真の場合,偽の場合）

　論理式：左辺と右辺，その間に演算子（比較演算子）を用います。左辺および右辺には，セル参照や数値，関数，文字列などが指定できます。文字列の場合は，文字列の前後を"○○○"（ダブルクォーテーション）で囲みます。比較演算子には，<u>半角記号</u>の"="や"<"，">"を用います（表12.2 参照）。

表12.2　比較演算子

演算子	説　明	入力例
=	左辺と右辺が等しい	A1=B1
>	左辺が右辺より大きい	A1>B1
<	左辺が右辺より小さい	A1<B1
>=	左辺が右辺以上	A1>=B1
<=	左辺が右辺以下	A1<=B1
<>	左辺と右辺が等しくない	A1<>B1

※以上または以下の場合，"<"または">"の後に"="
　を付けます。
※等しくない場合，"<"の後に">"を付けます。

　"真の場合"や"偽の場合"は，数値や数式（関数を含む），文字列など，処理する内容を記述します。文字列を表示する場合，文字列の前後を"○○○"（ダブルクォーテーション）で囲みます。何も処理しない場合，""ダブルクォーテーションを続けて2つ記述します。

（6）条件付きカウント（COUNTIF 関数）

　前項（2.2項）で数値や文字の入力されているセルの個数を数える関数を学びました。本項

では，条件を満たしているセルの個数を数える（COUNTIF）関数を学びます。

　　書式：＝COUNTIF（範囲，検索条件）

　　　範　　囲：検索の対象となるセル範囲を指定します。
　　　検索条件：検索条件を文字列またはセル，数値，数式で指定します。

(7) ネスト（入れ子）

　関数の中に関数を組み込むことを"ネスト"または"入れ子"と呼びます。

　IF 関数では，論理式で真と偽の場合で 2 分岐となりますが，図 12.4 のように，結果を 3 通りで処理したい場合，IF 関数を 2 回行うと，2 つの論理式で 3 分岐できます。

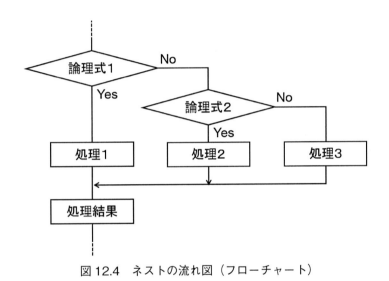

図 12.4　ネストの流れ図（フローチャート）

❺　論理演算子を利用した複雑な式（AND 関数，OR 関数，NOT 関数，XOR 関数）

　IF 関数の論理式には，論理演算を使うことができます。指定する場合，2 つ以上の論理式を"同時に満たす場合"や"いずれかを満たす場合"，"真偽の条件結果を否定（反転）させる場合"など，論理演算を行う関数があります。Excel では，(1) AND 関数，(2) OR 関数，(3) NOT 関数，(4) XOR 関数があらかじめ用意されています。

(1) AND 関数（論理積）

　複数の論理式をすべて満たす場合は"真（TRUE）"を返します。いずれか一つでも満たされない場合は"偽（FALSE）"を返します（図 12.5，表 12.3 参照）。日本語で表現するならば，"且つ"を表します。

　　書式：＝AND（論理式 1, 論理式 2,・・・）

表12.3 真理値表（AND）

A	B	AND
偽（FALSE）	偽（FALSE）	偽（FALSE）
偽（FALSE）	真（TRUE）	偽（FALSE）
真（TRUE）	偽（FALSE）	偽（FALSE）
真（TRUE）	真（TRUE）	真（TRUE）

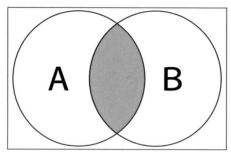

図12.5 ベン図（AND）

（2）OR 関数（論理和）

　複数の論理式で1つでも満たされる場合は"真（TRUE）"を返します。すべて満たされない場合のみ"偽（FALSE）"を返します（図12.6, 表12.4 参照）。日本語で表現するならば，"または"を表します。

　書式：=OR（論理式1, 論理式2,・・・）

表12.4 真理値表（OR）

A	B	OR
偽（FALSE）	偽（FALSE）	偽（FALSE）
偽（FALSE）	真（TRUE）	真（TRUE）
真（TRUE）	偽（FALSE）	真（TRUE）
真（TRUE）	真（TRUE）	真（TRUE）

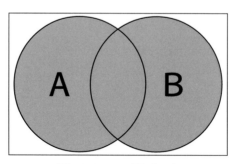

図12.6 ベン図（OR）

(3) NOT 関数（否定）

　論理式が真である場合"偽（FALSE）"を返します。論理式が偽である場合"真（TRUE）"を返します（図 12.7, 表 12.5 参照）。日本語で表現するならば，"否定"を表します。

　書式：=NOT（論理式）

表 12.5　真理値表（NOT）

A	NOT
偽（FALSE）	真（TRUE）
真（TRUE）	偽（FALSE）

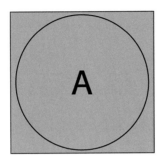

図 12.7　ベン図（NOT）

(4) XOR 関数（排他的論理和）

　複数の論理式で真の数が奇数個の場合"真（TRUE）"を返します。真の数が偶数個の場合"偽（FALSE）"を返します（図 12.8, 表 12.6 参照）。

　書式：=XOR（論理式 1, 論理式 2,・・・）

表 12.6　真理値表（XOR）

A	B	OR
偽（FALSE）	偽（FALSE）	偽（FALSE）
偽（FALSE）	真（TRUE）	真（TRUE）
真（TRUE）	偽（FALSE）	真（TRUE）
真（TRUE）	真（TRUE）	偽（FALSE）

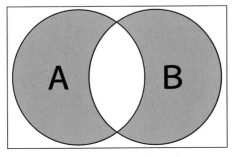

図 12.8　ベン図（XOR）

❻ データを参照する関数

(1) 範囲の中から列方向の項目を参照（VLOOKUP 関数）

VLOOKUP 関数とは，参照先の表から該当するデータを検索して表示します（図12.9 参照）。

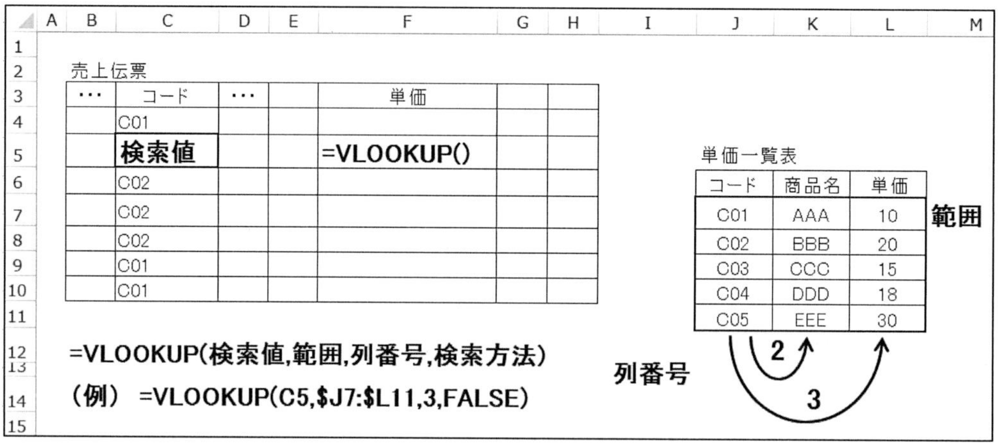

図 12.9　VLOOKUP 関数

書式：= VLOOKUP（検索値, 範囲, 列番号, 検索方法）

検 索 値：検索対象となる文字列や数値，セルを指定します。
範　　囲：参照先の範囲を指定します。
列 番 号：検索されたセルから右へ何列目を抽出するのかを指定します。
検索方法：FALSE または TRUE を指定します。省略可。
※省略した場合，FALSE が選択されます。
　FALSE：検索値と検索された値が完全一致の場合のみ参照します。
　ＴＲＵＥ：近似値を含めて参照します。
（注意）一覧表の中の検索値と照合する項目にはルールがあります。照合する項目は，値や文字を昇順（A → Z, 0 → 9 など）で入力しましょう。照合できずエラーとなる場合があります。近似値を含めて参照する場合，値の範囲が設定できません。

(2) 範囲の中から行方向の項目を参照（HLOOKUP 関数）

HLOOKUP 関数とは，参照先の表から該当するデータを検索して表示します（図12.10 参照）。

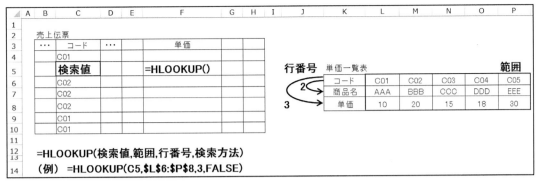

図 12.10　HLOOKUP 関数

書式：= HLOOKUP（検索値，範囲，行番号，検索方法）

　　検 索 値：検索対象となる文字列や数値，セルを指定します。
　　範　　囲：参照先の範囲を指定します。
　　行 番 号：検索されたセルから下へ何行目を抽出するのかを指定します。
　　検索方法：FALSE または TRUE を指定します。省略可。
　　※省略した場合，FALSE が選択されます。
　　　FALSE：検索値と検索された値が完全一致の場合のみ参照します。
　　　ＴＲＵＥ：近似値を含めて参照します。

(3) 参照結果がエラーになる場合の対処方法（ISERROR 関数，IFERROR 関数）
　VLOOKUP 関数や HLOOKUP 関数で参照された値がエラーの場合，その結果に関する計算式が行えません。今回の場合では，商品コードが入力されていないとエラー（"#N/A" などの表示）となり，関連する計算ができません。エラー表示を解消するための対処方法として，ISERROR 関数および IFERROR 関数があります。IFERROR 関数は，IF 関数のネストをせずにエラー時の処理を行えますが，ISERROR 関数は，単独で使うとエラーか否かの判定のみで一般的には IF 関数のネストで処理します。

① 　ISERROR 関数

書式：= ISERROR（テストの対象）

　　テストの対象：数値やセルを指定します。
　　セルの内容がエラー値（#N/A，#VALUE!，#REF!，#DIV/0!，#NUM!，#NAME?，#NULL!）
　　の場合に"TRUE"を返します。
　　(例) セル A1 の値がエラーの場合，"処理 1"を表示し，エラーではない場合，セル
　　　　A1 の結果を返します。IF 関数のネストで処理を変化させます。
　　　　　=IF（ISERROR（A1），"処理 1",A1）

② IFERROR 関数

書式：= IFERROR（値, エラーの場合の値）

値　　：数値やセルを指定します。

範囲：値がエラーの場合の処理を指定します。

（例）セル A1 の値がエラーの場合,"処理 1" を表示し, エラーではない場合, セル
　　　A1 の結果を返します。IF 関数のネストは不要となります。
　　　　　=IFERROR（A1,"処理 1"）

❼ 名前の設定と利用

特定の範囲に作成者がわかりやすい名前を設定することができます。名前を設定すると, 対象になる範囲を選択したり, 編集したり, 数式に直接名前で指定したり, 簡単に利用できます。

(1) 名前の設定
名前を設定するセルの範囲をドラッグします。名前ボックスをクリックし, わかりやすい名前を入力します。名前を設定後は, 計算式の範囲で名前が利用できるようになります。

(2) 名前の設定を編集
名前を設定した内容を編集するには,【数式】タブ → 『定義された名前』グループ → "名前の管理" ボタンをクリックします。名前のリスト（図 12.11 参照）から変更する名前を選択して,"編集" ボタンをクリックします。《名前の編集》ダイアログボックス（図 12.12 参照）の "名前" 項目や参照範囲を変更し, OK ボタンをクリックします。《名前の管理》ダイアログボックスを閉じます。

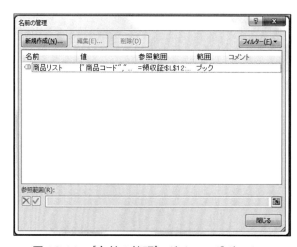

図 12.11 《名前の管理》ダイアログボックス

図 12.12　《名前の編集》ダイアログボックス

(3) 名前の設定を削除

　設定した名前を削除するには，【数式】タブ →『定義された名前』グループ →"名前の管理"を選択し，《名前の管理》ダイアログボックスを表示し，削除する名前を選択して 削除 ボタンをクリックします。再度削除の確認メニューで OK ボタンをクリックすると，名前が削除されます。

　※名前を削除すると，関連する計算式がすべてエラーになるので注意しましょう。

第12章　練習問題

1. ファイル"練習問題-12 章-1.xlsx"を USB に複製して開き，以下を行いましょう。

（図 12.13【完成例】を参照して表を完成させる）

	A	B	C	D	E	F	G
1	入学試験　＜結果＞						
2							
3		必須科目	選択科目				合計点
4	氏名	外国語	国語	数学	理科	社会	
5	有川	90			92		182
6	伊藤	68				89	157
7	大山	85	75				160
8	柏本	60			84		144
9	加藤	62		78			140
10	亀田	83		83			166
11	川崎	65			77		142
12	後藤	82	80				162
13	近藤	67			79		146
14	寺西	72				74	146
15	中本	68		90			158
16	西崎	97				86	183
17	秦田	72	94				166
18	山川						0
19	山本	79		81			160
20							0
21	平均点	75	83	83	83	83	
22	最高点	97	94	90	92	89	
23	最低点	60	75	78	77	74	
24							
25	申込者数	受験者数	国語選択	数学選択	理科選択	社会選択	
26	15	14	3	4	4	3	

図 12.13　練習問題 12 章 -1【完成例】

①　G 列の合計点を関数で求めましょう。

②　21 行目の平均点を関数で求めましょう。

③　22 行目の最高点を関数で求めましょう。

④　23 行目の最低点を関数で求めましょう。

⑤　セル C26 から E26 に各科目の数値が入力されているセルの個数を関数で求めましょう。

⑥　セル B26 に，氏名に記載されているセルの個数を関数で求めましょう。

2. ファイル "練習問題-12 章-2.xlsx" を USB に複製して開き，以下を行いましょう。

（図 12.14【完成例】を参照して表を完成させる）

	A	B	C	D	E	F	G	H	I	J	K	L	M	N	O	P	Q	R	S
1	学内成績評価																		
2											失格:S		欠試:K						
3	学籍番号	氏名	小テスト	中間試験	期末試験	平均点	四捨五入	切り上げ	切り捨て	出席	失格判定	評価	欠試判定	総合評価		評価別人数			
4	30c001	阿川 由紀	38	74	88	66.667	67	67	66	15		B		B		評価	人数		
5	30c002	井上 秀人	82	30	65	59	59	59	59	13		C		C		受講者数	17		
6	30c003	上田 滝緒	44	70	65	59.667	60	60	59	12		C		C		A	3		
7	30c004	榎本 真紀	87	61	64	70.667	71	71	70	13		B		B		B	6		
8	30c005	尾谷 秋彦	78	47	87	70.667	71	71	70	14		B		B		C	3		
9	30c006	川原 香織	98	0	93	63.667	64	64	63	10		B	K	K		K	2		
10	30c007	木下 直樹	96	61	94	83.667	84	84	83	8	S	A		S		S	3		
11	30c008	国枝 信也	64	37	0	33.667	34	34	33	12		C	K	K					
12	30c009	小西 利雄	68	69	75	70.667	71	71	70	14		B		B		失格判定 は以下の通りとする。			
13	30c010	斉藤 涼子	39	84	43	55.333	55	56	55	15		C		C		出席回数が10回未満は"S"とする。			
14	30c011	清水 隆	96	96	100	97.333	97	98	97	15		A		A					
15	30c012	隅田 陽子	78	63	0	47	47	47	47	5	S	C	K	S		評価 は以下の通りとする。			
16	30c013	瀬戸 夏江	73	0	0	24.333	24	25	24	3	S	C	K	S		平均点が、80 点以上は"A"とする。			
17	30c014	園田 茜	98	98	96	97.333	97	98	97	14		A		A		平均点が、80 点未満、60 点以上は"B"とする。			
18	30c015	田中 雄介	92	96	83	90.333	90	91	90	15		A		A		平均点が、60 点未満は"C"とする。			
19	30c016	津川 順	60	89	62	70.333	70	71	70	12		B		B					
20	30c017	内藤 真澄	65	65	88	72.667	73	73	72	15		B		B		欠試判定 は以下の通りとする。			
21																中間試験または 期末試験を			
22																受験していない場合"K"とする。			

図 12.14　練習問題 12 章 -2【完成例】

① セル F4 に "C4 から E4" の平均点を関数で求めましょう。

② セル G4 に平均点 "F4" の小数点以下 1 桁目を関数で四捨五入し整数表示しましょう。

③ セル H4 に平均点 "F4" の小数点以下 1 桁目を関数で切り上げし整数表示しましょう。

④ セル I4 に平均点 "F4" の小数点以下 1 桁目を関数で切り捨てし整数表示しましょう。

⑤ セル "F4 から I4" の内容を "F5 から I20" に複製しましょう。

⑥ J 列の数値を参照し K 列に失格判定を表示しましょう。具体的には，J 列の数値が 10 未満のセルについて「失格」とします。K 列に失格の "S" を表示させ，失格でなければ何も表示しないようにしましょう。

⑦ L 列の評価欄に F 列の平均点をランク分けしましょう。ランク分けは，80 点以上であれば "A"，80 点未満 60 点以上であれば "B"，それ以外の点数（60 点未満）であれば "C" と表示されるようにしましょう。

⑧ 欠試判定をしましょう。欠試の条件は，中間試験と期末試験のいずれかが 0 点の場合とし，条件が成立した場合に M 列に欠試の "K" と表示しましょう。

⑨ 総合評価を N 列にネストを利用して表示しましょう。条件は，失格者は "S" として，欠試者は "K" とします。それ以外は評価の文字（"A" や "B"，"C"）を表示します。

⑩ セル "N4 から N20" に "総合評価" という名前を設定しましょう。

⑪ 受講者数（セル Q5）は，B 列の氏名が入力されているセルの個数を求めましょう。

⑫ セル "Q6 から Q10" には，⑩で設定した名前 "総合評価" 中の文字別に数を数える関数で求めましょう。

3. ファイル"練習問題-12章-3.xlsx"を USB に複製して開き，以下を行いましょう。

（図12.15【完成例】を参照して表を完成させる）

図12.15　練習問題12章-3【完成例】

① セル C13 に商品コードを入力した場合，"L12 から N20"の一覧表を参照して D 列に商品名，I 列に単価が表示されるようにしましょう。

② セル D6 に"15"を入力し，セル I24 には"L6 から Q7"の一覧表を参照して割引率が表示されるようにしましょう。

③ セル"J23 から J27"に L 列に記載されている計算式を入力し，支払い金額を求めましょう。

④ セル D6 や"C13 から C17"に他の値を再入力し，データ参照および支払金額が正常に計算されていることを確認しましょう。

第13章

グラフの作成の基礎

 1 グラフ機能の概要

1.1 グラフの種類

　Excel で入力されたデータからグラフを作成することにより，データの内容を視覚的に表現することができます。データを分析する場合に加えて，プレゼンテーションなどデータに対する自分の考えを他者に伝えたい場合にも，グラフは効果を発揮します。その一方で，不適切にグラフを扱うと，データの内容や作成者の意図が相手に伝わらないばかりか，誤解や信用を失う結果を招きかねません。

　Excel では，グラフは 17 種類に類別されており，その種別ごとにそれぞれ数パターンの形態の異なるグラフが用意されています。グラフの元になるデータの形式や，作成者がデータから何を示したいのかによって，適切なグラフの種類は決まります。

　これらのグラフの中から，データの比較や内訳を表す場合に有効な使用頻度の高いグラフを表にまとめました。

表 13.1　グラフの種類と特徴

		1 系列	複数系列
内訳	構成比率	100% 積み上げ棒グラフ 円グラフ	100% 積み上げ棒グラフ ドーナツグラフ
	実数	積み上げ棒グラフ 円グラフ	積み上げ棒グラフ

	1 軸	2 軸	3 軸以上
比較	集合棒グラフ 折れ線グラフ 面グラフ	複合グラフ 折れ線グラフ 面グラフ	レーダーチャート

1.2 グラフの構成要素
① グラフエリア
　グラフ（プロットエリア）を含むグラフ表示領域の全体。クリックすると右側に"グラフ要素"

"グラフスタイル""グラフフィルター"のボタンが表示され，タブにはグラフツールの【デザイン】タブ，【書式】タブが表示されます。

② プロットエリア

グラフ本体が描画される領域。個別に書式設定を行うことができます。

③ 軸

グラフにおいて基準となる直線。グラフの種類によって，縦軸，横軸，奥行き軸などがあり，複数の縦（数値）軸を持つグラフもあります。

④ 軸ラベル（軸タイトル）

グラフに軸を表示する場合，それぞれの軸に軸ラベルを配置することで，内容や単位など，どのようなデータが表されているのかを明らかにすることができます。また，単位はテキストボックスを使って入力する場合もあります。

⑤ 目盛線

目盛線を使用することで，グラフの軸が示す数値や項目を明確に表すことができます。また，より小幅に表示される目盛線として，補助目盛線があり，目盛線，補助目盛線ともに目盛の幅を設定することができます。

⑥ グラフタイトル

グラフタイトルを表示することで，グラフが示す内容を明らかにすることができます。

⑦ データラベル

グラフ上に値，系列名，分類名など，個々のデータに関する情報を表示させることができます。

⑧ 凡 例

グラフ上に表示されている各データ系列の系列名を表示します。

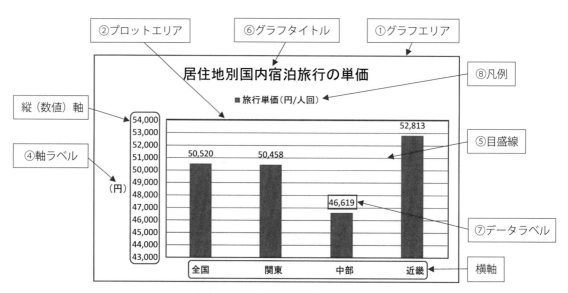

図13.1　グラフを構成する要素

出所：観光庁「2015年旅行・観光消費動向調査年報」より作成。

1.3　グラフ要素の変更

　グラフは，複数のグラフ要素で構成されています。グラフ要素ごとに表示の有無や書式を設定することで，グラフの外観を変更できます。グラフ要素の変更は，グラフエリアをクリックしてグラフの右側に表示されるグラフ要素「＋」から設定できるのに加えて，【デザイン】タブの『グラフのレイアウト』グループにある"グラフ要素を追加"ボタンからも同様の操作を行えます。

 # グラフの挿入と設定

2.1　集合縦棒グラフ

　集合縦棒グラフは，項目ごとの数値を棒線の長さで表して，複数の項目間で数値を比較することができます。

　次の操作手順にそって，表13.2「東海３県の有権者数」をもとに東海３県の有権者数を男女別に比較できる集合縦棒グラフを作成します。

表 13.2　東海３県の有権者数

（単位：人）

	男性	女性
岐阜県	814,543	874,575
愛知県	3,045,076	3,055,396
三重県	730,502	779,420

出所：総務省「第 48 回衆議院議員総選挙・最高
　　　裁判所裁判官国民審査結果調」より作成。

操作手順

① 　表 13.2「東海３県の有権者数」をワークシートに入力します。
② 　入力した表の１行目から４行目を範囲選択して，【挿入】タブの『グラフ』グループにある"縦棒グラフの挿入"ボタンをクリックして表示される一覧から「集合縦棒」を選択して集合縦棒グラフを作成します。
③ 　集合縦棒グラフのグラフエリアをクリックして，グラフの右側に表示されるグラフ要素「＋」をクリックすると「グラフ要素」が表示されるので，「軸」「軸ラベル」「グラフタイトル」「目盛線」「凡例」のチェックボックスにチェックを入れます。
④ 　「グラフ要素」の「目盛線」右側▶をクリックして表示される一覧から，「第１主横軸」「第１補助横軸」のチェックボックスにチェックを入れます。
⑤ 　「グラフ要素」の「凡例」右側▶をクリックして表示される一覧から，「右」を選択します。
⑥ 　「グラフ要素」の「軸ラベル」右側▶をクリックして表示される一覧から，「第１縦軸」を選択します。

⑦ 「縦軸ラベル」に「(人)」と入力します。さらに,「縦軸ラベル」を右クリックして表示される一覧から,「軸ラベルの書式設定」をクリックすると画面右側に「軸ラベルの書式設定」が表示されるので,そこから「文字のオプション」,次いで「テキストボックス」を選択して,「文字列の方向」を横書きに設定します。

⑧ グラフエリア上部に表示されている「グラフタイトル」の枠内に「東海3県の有権者数」と入力します。

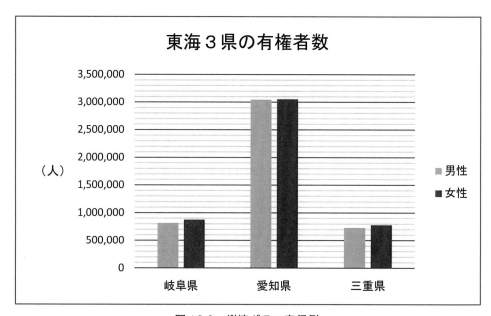

図13.2　縦棒グラフ実行例

2.2　内訳を示す－円グラフ－

　1つの系列内のデータが,どのような構成になっているかを表す場合に,円グラフは使われます。円グラフは,項目全体(100%)を表す円と部分(構成比)を表す扇形で構成されており,特にこの両者を比較する場合には有効なグラフです。その一方で,扇形どうしの比較や複数の円を使用した複数項目間の比較には向きません。そのような場合には,構成比率の比較であれば100%積み上げ棒グラフ,実数の比較であれば積み上げ棒グラフを使用します。

　次の操作手順にそって,表13.3「二人以上世帯の貯蓄の内訳」をもとに,貯蓄の構成比を表す円グラフ(図13.3)を作成します。

表13.3　円グラフ作成元データ

二人以上世帯の貯蓄の内訳（単位：万円）

	金額
定期預金	734
普通預金	394
生命保険など	374
有価証券	264
金融機関外	39

操作手順

① 表13.3「二人以上世帯の貯蓄の内訳」をワークシートに入力します。

② 入力した表全体を範囲選択して，【挿入】タブの『グラフ』グループにある"円またはドーナツグラフの挿入"ボタンをクリックして表示される一覧から「円」を選択して円グラフを作成します。

③ 作成した円グラフのグラフエリアをクリックして，右側に表示されるボタンからグラフ要素「＋」をクリックすると一覧が表示されるので，「グラフタイトル」と「データラベル」のチェックボックスにチェックを入れ，「凡例」のチェックを外します。

④ 「データラベル」右側の▶をクリックして表示される一覧から，「その他のオプション」を選択するとワークシート右外に「データラベルの書式設定」の作業ウィンドウが表示されます。作業ウィンドウの上部にある4つのボタンの中から「ラベルオプション」を選択，その下に表示される「ラベルオプション」をクリックすると一覧が表示されるので，「分類名」「パーセンテージ」のチェックボックスにチェックを入れ，「値」のチェックを外し

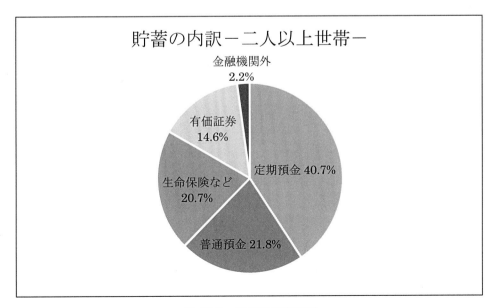

図13.3　円グラフ実行例

ます。さらに,「区切り文字」のボックス右側にある▼をクリックして「区切り文字」を「,（カンマ）」から「（スペース）」に変更します。加えて,「表示形式」をクリックすると表示される「カテゴリ」ボックス右側の▼を「標準」から「パーセンテージ」に変更して,「小数点以下の桁数」に 1 を入力します。

⑤ グラフエリア上部に表示されている「グラフタイトル」の枠内に「貯蓄の内訳－二人以上世帯－」と入力します。

2.3 値の推移や変化を示す－折れ線グラフ－

　調査や計測で得られた数値の推移や変化を表す場合,よく使われるのが折れ線グラフです。折れ線グラフを使えば,指定した系列の数値（縦軸）と,その項目ごとの推移（横軸）を折れ線の形で表せます。加えて,複数の系列（折れ線）を表示させることで,異なる系列間の数値変化を比較できます。さらに,新たに縦軸（第 2 軸）を追加することで単位や数値の大きく異なる系列のデータどうしを 1 つのグラフ上に描画することができます。

　また,折れ線グラフのほかに,数値の推移や変化を表現するグラフとして,面グラフや棒グラフ,複合グラフが使われることがあります。

　次の操作手順にそって,表 13.4「名古屋と那覇の月平均気温（2015 年）」をもとに地域別の月平均気温の推移を表す折れ線グラフを作成します。

表 13.4　名古屋と那覇の月平均気温（2015 年）

	1 月	2 月	3 月	4 月	5 月	6 月	7 月	8 月	9 月	10 月	11 月	12 月
名古屋	4.9	5.7	9.7	15.2	21.3	22.3	26.5	28.1	23.1	18.4	14.3	9.3
那覇	23.6	16.6	17	19	22.2	24.9	28.7	29	28.7	27.8	25.5	23.8

出所：気象庁「過去の気象データ」より作成。

操作手順

① 表 13.4「名古屋と那覇の月平均気温（2015 年）」をワークシートに入力します。

② 入力した表全体を範囲選択して,【挿入】タブの『グラフ』グループにある "折れ線グラフの挿入" ボタンをクリックして表示される一覧から「折れ線」を選択して折れ線グラフを作成します。

③ 折れ線グラフのグラフエリアをクリックして,グラフの右側に表示されるグラフ要素「＋」をクリックするとグラフ要素の一覧が表示されるので,「軸」「軸ラベル」「グラフタイトル」「データテーブル」「目盛線」のチェックボックスにチェックを入れ,「凡例」のチェックを外します。

④ 「目盛線」右側の▶をクリックして表示される一覧から,「第 1 主横軸」「第 1 補助横軸」のチェックボックスにチェックを入れます。

⑤ 「軸ラベル」右側の▶をクリックして表示される一覧で,「第 1 横軸」のチェックボックス

からチェックを外し，「第1縦軸」にチェックを入れます。さらに，「その他のオプション」を選択するとワークシートの右外に「軸ラベルの書式設定」の作業ウィンドウが表示されるので，作業ウィンドウの右上にある「文字のオプション」をクリックして「文字のオプション」に関するボタンを表示させます。表示された3つのボタンの中から右端の「テキストボックス」をクリックして展開される一覧から「文字列の方向」のボックス右側にある▼をクリック，「文字列の方向」を「左へ90°回転」から「横書き」に変更します。

⑥　グラフエリアの左側に表示されている第1縦軸の「軸ラベル」の枠内に「(℃)」と入力します。

⑦　グラフエリアの上部に表示されている「グラフタイトル」の枠内に「月平均気温」と入力します。

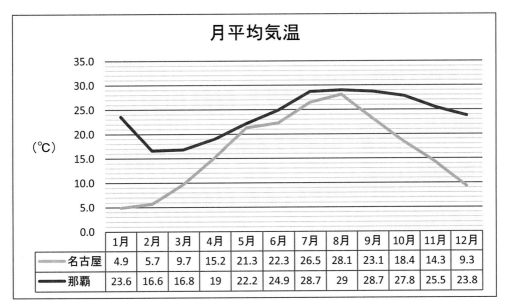

図13.4　折れ線グラフ実行例

2.5　複数項目にわたる比較—レーダーチャート—

レーダーチャートは，複数項目の数値を1つのグラフに表示して全体の傾向を表すことができます。加えて，グラフに複数の対象（系列）を表示して比較を行うことができます。レーダーチャートでは原則として，各項目の軸は中心から外側の各頂点へと向かうにつれて数値が大きくなるように設定します。

次の操作手順にそって，表13.5「重要文化財都道府県別指定件数」をもとに，東京と京都で登録されている重要文化財の件数を種類別に比較するグラフを作成します。

表 13.5　重要文化財都道府県別指定件数（単位：件）

	彫刻	絵画	工芸	書跡	古書 考古 歴史	建造物
東　京	212	615	753	691	421	81
京　都	416	486	184	456	331	296

出所：文化庁「国宝・重要文化財都道府県別指定件数一覧」（平成
　　　29年2月1日）より作成。

操作手順

① 表13.5「重要文化財都道府県別指定件数」をワークシートに入力します。

② 入力した表全体を範囲選択して，【挿入】タブの『グラフ』グループにある“株価チャート，等高線グラフ，またはレーダーチャートの挿入”ボタンをクリック，表示される一覧から「レーダー」を選択してレーダーチャートを作成します。

③ レーダーチャートのグラフエリアをクリックして，グラフ右側に表示されるグラフ要素「＋」をクリック，グラフ要素の一覧にある「目盛線」右側の▶をクリックして，「第1主横軸」「第1補助横軸」のチェックボックスにチェックを入れます。

④ 「軸」右側の▶をクリックして表示される一覧から「その他のオプション」を選択すると

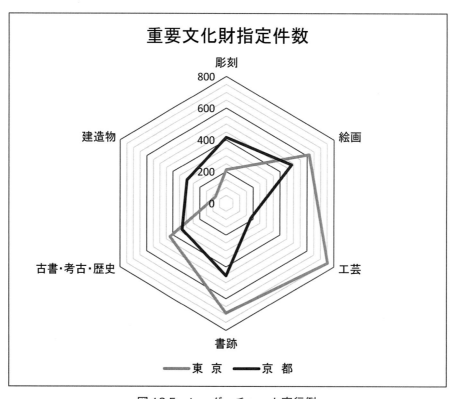

図 13.5　レーダーチャート実行例

ワークシートの右外に「軸の書式設定」の作業ウィンドウが表示されます。作業ウィンドウの上部にある４つのボタンから右端の「軸のオプション」を選択，その下に表示される「ラベルオプション」をクリックすると一覧が表示されるので，「補助目盛」のボックスに50と入力します。

⑤　グラフ（プロットエリア）内にある「系列"東京"」の線を右クリックして表示されるコンテキストメニューから"枠線"ボタンをクリックして，「系列"東京"」の色を標準の色「緑」に変更します。

2.6　グラフの種類の変更

Excel では，すでに作成されたグラフを他の種類のグラフに変更することができます。グラフを変更した場合，元データとの関係やグラフ要素に設定された書式設定は引き継がれるため，新たにグラフを作成するよりも手軽に目的のグラフを作成できます。

次の操作手順にそって，先に作成した「東海３県の有権者数」のグラフ（2.1）を集合縦棒グラフから積み上げ縦棒グラフに変更します。

操作手順

先に作成した集合縦棒グラフ，「東海３県の有権者数」のグラフエリアをクリックして，【デザイン】タブにある"グラフの種類の変更"ボタンをクリックすると《グラフの種類の変更》ダイアログが開くので，「すべてのグラフ」の一覧から「積み上げ縦棒グラフ」を選択して，OKをクリックします。

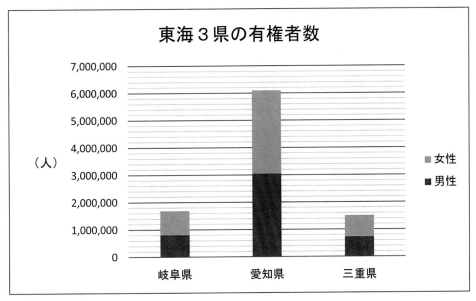

図13.6　積み上げ縦棒グラフの実行例

2.7　グラフスタイル・レイアウトの変更

●グラフスタイル

　作成したグラフにグラフスタイルを適用すると，複数のグラフ要素の書式設定を一度に変更して，素早くグラフの外観を変更することができます。また，クイックレイアウトや個々のグラフ要素の書式設定と併用することで，多様なパターンのグラフを作成できます。

　グラフスタイルは，グラフエリアをクリックして表示される【デザイン】タブの「グラフスタイル」のボックス，あるいはグラフエリアの右側に表示される"グラフスタイル"ボタンをクリックして表示される一覧からグラフに適したスタイルを選択して適用します。

●グラフレイアウト

　作成したグラフにクイックレイアウトを適用することで，グラフ要素の配置を一度に変更することができます。

　クイックレイアウトには，グラフの種類ごとに，複数のレイアウトが登録されており，【デザイン】タブの『グラフのレイアウト』グループにある"クイックレイアウト"ボタンをクリック，表示される一覧からレイアウトを選択して適用します。

●データの行と列の切り替え

　横（項目）軸に表示される項目とデータ系列（凡例項目）を入れ替えることができます。先に（2.1　集合縦棒グラフ）で作成した「東海3県の有権者数」（図13.2）のデータの行と列を切り替えると横軸の項目が県名から性別に変わり，他方でデータ系列（凡例項目）が性別から県名に変わります。

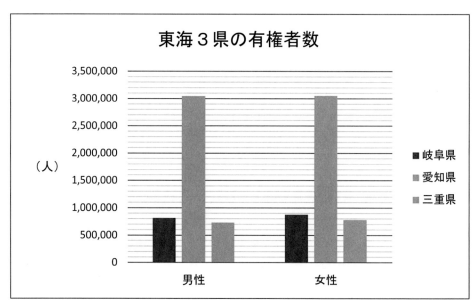

図13.7　東海3県の有権者数（凡例：県名）

2.8　グラフフィルター

　グラフフィルターを使用して，グラフに表示するデータを選択することができます。データの削除や，新たにグラフを作成する必要がないため，手軽にデータの表示・非表示を切り換えることができます。

　グラフエリアをクリックして右側に表示される「グラフフィルター」ボタンをクリックして表示される系列やカテゴリーの一覧から，非表示にしたいデータ項目のチェックを外して，「適用」をクリックします。

　また，系列やカテゴリーの名前を非表示にしたい場合には，一覧の上部にある「名前」をクリック，名前を非表示にしたい項目で「なし」を選択して「適用」をクリックします。

2.9　データソースの変更

　《データソースの選択》ダイアログから系列ごとにデータ範囲を設定することができます。まず，【デザイン】タブにある"データの選択"ボタンをクリックして《データソースの選択》ダイアログを開きます。《データソースの選択》ダイアログの「凡例項目（系列）」ボックスには，系列名と系列の追加，編集，削除を行うボタンが配置されています。

　グラフに「合計」の系列を追加するには，"追加"ボタンをクリックして表示される《系列の編集》ダイアログの「系列名」と「系列値」ボックスから，それぞれに対応するセル範囲を指定して，《系列の編集》ダイアログと《データソースの選択》ダイアログの $\boxed{\text{OK}}$ をクリックします。

　このほか，既存の系列を削除する場合には，「凡例項目（系列）」ボックスから対象の系列を選択して，"削除"ボタンをクリックします。

　また，既存の系列のデータ範囲や系列名を変更する場合には，「凡例項目（系列）」ボックスから対象の系列を選択，"編集"ボタンをクリックして《系列の編集》ダイアログの「系列名」および「系列値」ボックスに新たに設定する系列名やデータ範囲を入力します。

❸　複合グラフの作成

3.1　縦棒グラフと折れ線グラフ

　縦棒グラフや折れ線グラフを作成する際に，グラフに表示させるデータ系列間で値が大きく異なる場合に加えて，値の単位や種類が異なる場合には，グラフに第2軸を加えましょう。

　加えて，第1軸に関連付けられたデータ系列と第2軸に関連付けられたデータ系列を，それぞれ異なる種類のグラフを使って表示することで，性質の異なるデータを1つのグラフにわかりやすく表示することができます。

　次の操作手順にそって，表13.6「雇用形態別雇用者数の推移」をもとに，正規・非正規職員の雇用者数と正規職員の割合の推移を表す複合グラフを作成します。

表 13.6　雇用形態別雇用者数の推移

年	正規職員（万人）	非正規職員（万人）	正規職員の割合（%）
2009	3395	1727	66.3
2010	3374	1763	65.6
2011	3355	1812	64.9
2012	3345	1816	64.8
2013	3302	1910	63.3
2014	3288	1967	62.6
2015	3317	1986	62.5
2016	3367	2023	62.5
2017	3423	2036	62.7
2018	3476	2120	62.1

出所：総務省「労働力調査　長期時系列データ」より作成。

操作手順

① 表13.6「雇用形態別雇用者数の推移」をワークシートに入力します。

② 入力した表全体を範囲選択して，【挿入】タブの『グラフ』グループにある "複合グラフの挿入" ボタンをクリックして表示される一覧から「ユーザー設定の複合グラフを作成する」を選択，《グラフの挿入》ダイアログの「ユーザー設定の組み合わせ」を開き，最下部に表示された系列，「正規職員の割合（%）」のグラフの種類を「折れ線」に変更，さらに第2軸にチェックを入れます。最後に，ダイアログ内に表示されたグラフのシミュレーションを確認して，OKをクリックします。

③ 複合グラフのグラフエリアをクリックして，グラフの右側に表示されるグラフ要素「＋」をクリックするとグラフ要素の一覧が表示されるので，「軸」「軸ラベル」「グラフタイトル」「目盛線」「凡例」のチェックボックスにチェックを入れます。

④ グラフ右側に表示されているグラフスタイルのボタンをクリック，表示される一覧から「スタイル7」を選択します。

⑤ 「グラフ要素」の「軸ラベル」右側▶をクリックして表示される一覧から，「第1縦軸」，「第2縦軸」を選択します。

⑥ 「第1縦軸ラベル」に「(万人)」，「第2縦軸ラベル」に「(%)」と入力します。さらに，それぞれの縦軸ラベルを右クリックして表示される一覧から，「軸ラベルの書式設定」をクリックすると画面右側に「軸ラベルの書式設定」が表示されるので，そこから「文字のオプション」，次いで「テキストボックス」を選択して，「文字列の方向」を横書きに設定します。

⑦ 右側の縦軸（第2軸）を右クリックしてコンテキストメニューを開いて「軸の書式設定」を選択するとワークシートの右外に「データラベルの書式設定」の作業ウィンドウが表示

されるので，作業ウィンドウの上部にある 4 つのボタンの中から右端にある「軸のオプション」を選択，その下に表示される「軸のオプション」をクリックすると一覧が表示されるので，境界値の「最小値」を 50，「最大値」を 70 に変更します。

⑧　グラフエリア上部に表示されている「グラフタイトル」の枠内に「雇用形態別雇用者数の推移」と入力します。

図 13.8　縦棒グラフと折れ線グラフ実行例

第13章　練習問題

表 13.7 を元データとして，図 13.8 と同様に気温を折れ線グラフ，降水量を縦棒グラフで示す複合グラフを作成してください。

表 13.7　名古屋市の気温と降水量（2019 年 1 － 6 月）

	1 月	2 月	3 月	4 月	5 月	6 月
最高気温の月平均（℃）	9.7	12	15.4	19.4	26.2	27.7
最低気温の月平均（℃）	1.2	3.4	5.8	9.6	15.4	19.5
降水量の月合計（mm）	14.5	56.5	80	117.5	146	172

出所：気象庁「過去の気象データ検索」より作成。

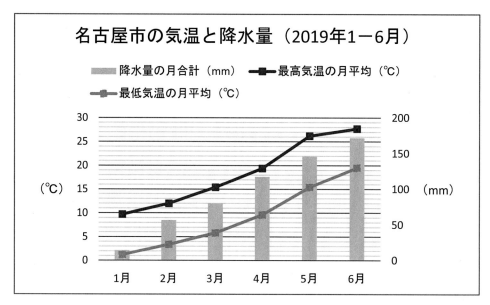

図 13.9　名古屋市の気温と降水量（2019 年 1 － 6 月）

─── 第14章 ───

Microsoft Excel の便利な機能

❶ Word と Excel との連携

Word の文書に Excel で作成した表を貼り付けることができます。

1．1　Excel の表を Word に貼り付け

① Excel の表を選択し，コピーします。
② Word をアクティブにして，挿入したい位置にカーソルを移します。
③ Word の【ホーム】タブ → 『クリップボード』グループにある 📋 "貼り付け" ボタンの▼をクリックし，📋 "元の書式を保持" ボタンもしくは 📋 "貼り付け先のスタイルを使用" ボタンをクリックします。

　貼り付けた表は，Word の中で自由に編集することができます。また，元の Excel データに変更を加えても，貼り付けた表には影響がありません。

1．2　Excel の表を Word にリンク貼り付け

　Excel データの変更を反映させたい場合は，リンク貼り付けを使います。

① Excel の表を選択し，コピーします。
② Word をアクティブにして，挿入したい位置にカーソルを移します。
③ Word の【ホーム】タブ → 『クリップボード』グループにある 📋 "貼り付け" ボタンの▼をクリックし，📋 "リンク（元の書式を保持）" ボタンもしくは 📋 "リンク（貼り付け先のスタイルを使用）" ボタンをクリックします。

　Word に貼り付けた表は Excel とリンクしていますが，参照する Excel ブックが起動していない場合，Excel の最新情報に更新されていない場合があります。
　以下の2つの方法で情報の更新（反映）をすることができます。

- 対象となる Word 文書を起動した状態で，表で参照している Excel ブックを開く。
- Word 文書中の表を右クリックし，コンテキストメニュー中の「リンク先の更新」をクリックする。

1.3　Excel の表を Word にオブジェクトとして貼り付け

　Word 上で直接 Excel の表として編集したい場合は，貼り付けの形式を Excel オブジェクトに設定します。

① 　Excel の表を選択し，コピーします。
② 　Word をアクティブにして，挿入したい位置にカーソルを移します。
③ 　Word の【ホーム】タブ →『クリップボード』グループにある 🗒 "貼り付け" ボタンの ▼をクリックし，「形式を選択して貼り付け」をクリックします。
④ 　貼り付ける形式を選択し，OK ボタンをクリックします。
　・貼り付け元のデータとリンクしない場合は［貼り付け］，リンクする場合は［リンク貼り付け］を選択します。
　・「貼り付ける形式」から［Microsoft Excel ワークシートオブジェクト］を選択します。
⑤ 　表が Excel オブジェクトの場合は，Excel で編集を行います。
　・リンクなしの貼り付けをした場合
　　(1) 貼り付けた表をダブルクリックします。
　　(2) Word のリボンと表が Excel の形式に変わるので，表の編集を行います。
　　(3) Word の編集に戻るには，Esc キーを押します。
　・リンク貼り付けをした場合
　　(1) 貼り付けた表をダブルクリックします。
　　(2) Excel が起動するので，元データの編集を行います。
　　(3) Word の編集に戻るには，Esc キーを押します。

1.4　Excel のグラフを Word に貼り付け

　Excel で作成したグラフは，表と同じ手順で貼り付けることができます。ここでは貼り付けのオプションについて簡単に紹介しておきます。

① 　Word のグラフとして貼り付ける（元データとリンクしない）場合は，次のいずれかを選択します。
　・🗒（貼り付け先のテーマを使用しブックを埋め込む）ボタンを選択します。
　・🗒（元の書式を保持しブックを埋め込む）ボタンを選択します。
② 　元データとリンクしてグラフを貼り付ける場合は，次のいずれかを選択します。
　・🗒（貼り付け先のテーマを使用しデータをリンク）ボタンを選択します。
　・🗒（元の書式を保持しデータをリンク）ボタンを選択します。
③ 　グラフを図として貼り付ける場合は，🗒（図）ボタンを選択します。図として位置やサイズの変更はできますが，グラフの数値を変更することはできません。
④ 　Excel のオブジェクトとしてグラフを貼り付ける場合は，次のようにします。
　　(1) 右クリックして「形式を選択して貼り付け」をクリックします。
　　(2)「貼り付ける形式」から「Microsoft Excel グラフ オブジェクト」を選択します。

❷ 図（図形やアイコン，SmartArt）の挿入

　Excel では，Word と同様に画像やオンライン画像，図形，アイコン，SmartArt，グラフ，ワードアートなど，さまざまな図を挿入することができます。

　※画像やオンライン画像，ワードアートは第 9 章を参照。

　※グラフは第 13 章を参照。

2．1　図　形

　Excel では，図形（線や四角形，基本図形，フローチャートなど）を挿入することができます。図形の中に，テキスト（文字）を入力したり，複数の図形を組み合わせ（グループ化）したりして，複雑な図形を作成したりすることができます。

(1) 図形の挿入方法

　図形を挿入したいページをクリックしカーソルを移します。【挿入】タブ →『図』グループの "図形" ボタンをクリックして挿入したい図形を選択します。画面上でドラッグすると図形が挿入されます。図形がプロットされると，挿入した図形が編集可能になり，ハンドル（図形の拡大縮小などが可能になる○（図 14.1 参照））とレイアウトオプション（レイアウトの設定など（図 14.2 参照））が表示されます。

　※図形は，Shift キー＋ドラッグすると正方形や真円などが作図できます。

　図 14.1　四角形の挿入時に表示されるハンドル　　　　図 14.2　レイアウトオプション

（2）図形の中に文字を挿入（文字を挿入できない図形があります）

　図形の中に文字を挿入する場合は，図形を右クリック後，コンテキストメニュー中の「テキストの編集」をクリックし，挿入する文字を入力します。

（3）図形の色や線を変更

　図形を選択している状態では，「描画ツール」が表示され，【書式】タブが表示されます。図形のスタイルを変更するには，「描画ツール」→【書式】タブの『図形スタイル』（図14.3参照）を利用します。

・図形のスタイルボックス：あらかじめ設定している書式を一覧から選べます。
・図形の塗りつぶし：線で囲まれている中の色を変更できます。
・図形の枠線：図形を囲んでいる線種（実線や点線など）や線の太さ，線の色を変更できます。
・図形の効果：影や光彩，3D などの表現を変更できます。

図 14.3 「描画ツール」→【書式】タブの『図形のスタイル』

2.2　アイコン

　Word では，アイコン（ピクトグラム）を挿入することができます。テーマに合ったアイコンは，読み手にわかりやすく情報を伝えることができます。

（1）アイコンの挿入方法

　アイコンを挿入したいページをクリックしカーソルを移します。【挿入】タブ→『図』グループの "アイコン" ボタンをクリックします。《アイコンの挿入》ダイアログボックス（図 14.4 参照）の中から，アクセシビリティやスポーツなどのテーマを選択し，アイコン一覧をクリックして "挿入" ボタンをクリックします。

　図形がプロットされると，挿入した図形が編集可能になり，ハンドル（図形の拡大縮小などが可能になる○）とレイアウトオプション（レイアウトの設定など）が表示されます。

（2）アイコンの色や線を変更

　アイコンを選択している状態では，「グラフィックツール」が表示（図 14.5 参照）され，【書式】タブが表示されます。アイコンのスタイルを変更するには，「グラフィックツール」→【書式】タブの『グラフィックのスタイル』を利用します。

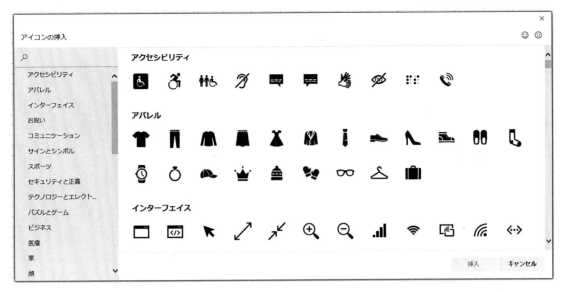

図 14.4　《アイコンの挿入》ダイアログボックス

図 14.5　「グラフィックツール」→【書式】タブの『グラフィックのスタイル』

・グラフィックのスタイルボックス：あらかじめ設定している書式を一覧から選べます。
・グラフィックの塗りつぶし：線で囲まれている中の色を変更できます。
・グラフィックの枠線：図形を囲んでいる線種（実線や点線など）や線の太さ，線の色を変更できます。
・グラフィックの効果：影や光彩，3D などの表現を変更できます。

2.3　SmartArt（スマートアート）

　SmartArt とは，複数の図形や矢印などを組み合わせて，情報の関連性を図でわかりやすく表現する機能を指します。組織図やツリー構造，分類や循環サイクルの表現などに用います。

(1) SmartArt の挿入方法

　SmartArt を挿入したいページをクリックしカーソルを移します。【挿入】タブ →『図』グループの "SmartArt" ボタンをクリックします。《SmartArt グラフィックの選択》ダイアログボックス（図 14.6 参照）の中から，リストや手順などのテーマを選択し，SmartArt の表現一覧から選択して OK ボタンをクリックします。

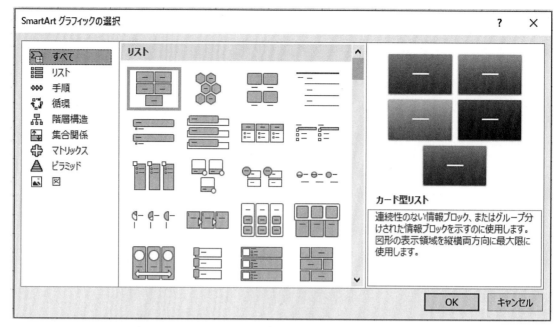

図 14.6 《SmartArt グラフィックの選択》ダイアログボックス

（2）SmartArt の編集

　SmartArt がプロットされると，画面左側にテキストウィンドウが表示されます。

　テキストウィンドウに分類された項目を入力します（中黒点のインデント（字下げ）で階層が分かれていますので注意しましょう）。テキストウィンドウへの入力が完了したら，SmartArt の図以外をクリックして確定します。

　※テキストウィンドウが表示されない場合は，SmartArt の図をクリック → SmartArt ツール【デザイン】タブ →『グラフィックの作成』グループ → ［テキストウィンドウ］をクリックすると表示／非表示が切り替わります。

　※ SmartArt は，一般的な図形と同様の操作で移動やサイズの変更ができます。

（3）SmartArt の項目追加

　SmartArt は，入力する項目の数に応じて図形を追加できます。

　SmartArt をクリック後，さらに SmartArt の枠線をクリックして SmartArt 全体が選択された状態にします。SMARTART ツール →【デザイン】タブを選択し，『グラフィックの作成』グループの"図形の追加"ボタンをクリックします。文字を挿入し，Enterキーで追加します。SmartArt の図以外をクリックして確定します。

　※先頭に図形を追加する場合，SmartArt の図をクリック → SMARTART ツール →【デザイン】タブ →『グラフィックの作成』グループ →"図形の追加"の右にある▲をクリック → ［前に図形を追加］を選択します。

(4) SmartArt の図形変更

　SmartArt のレイアウトは，あとから変更することができます。

　SmartArt を選択し，SmartArt ツール → 【デザイン】タブの『レイアウト』グループの中から変更したいレイアウトを選択します。

　※一覧の選択肢にマウスポインタを移すと，設定後の結果を表示できます。

❸ 印刷設定と印刷

　ページサイズの変更やヘッダーとフッターの追加など印刷設定を行うにはページレイアウトモードを利用します。リボンの【表示】タブから『ブックの表示』グループの“ページレイアウト”ボタンをクリックすると，表示設定がページレイアウト（画面に印刷される様式）で表示されます。

3.1　ヘッダーとフッターの追加

　Excel では，Word と同様にヘッダーとフッターを挿入することができます（第 9 章❸参照）。

　表示設定がページレイアウト状態の場合，ワークシート上部の「クリックしてヘッダーを追加」とワークシート下部の「クリックしてフッターを追加」をそれぞれクリックすると，ヘッダーとフッターを編集することができます。

　※ページレイアウト状態ではない状態では，【挿入】タブ →『テキスト』グループの“ヘッダーとフッター”ボタンでヘッダーとフッターを編集可能な状態になります。

　リボンの【デザイン】タブの『ヘッダー / フッター要素』グループにあるボタン（図 14.7 参照）から日付やページ番号などを追加することができます。

図 14.7　『ヘッダー / フッター要素』グループ

　例えば，現在の日付をフッターに挿入したい場合，挿入したいフッターをクリックし，ヘッダー / フッター要素中の該当する“現在の日付”ボタンをクリックすると，&［日付］と表示され，他のエリアをクリックすると，現在の日付が設定され画面表示されます。

3.2　タイトル行とタイトル列の設定

　Excel では，多くの行数や列数を印刷する場合，2 ページ目以降でタイトルや項目名が印刷

されません。このような場合はタイトル行やタイトル列を設定することで，すべてのページに
タイトルや項目名を表示することができます。

　2ページ目以降もタイトルと項目名が表示されるように設定するには，【ページレイアウト】
タブ →『ページ設定』グループにある "印刷タイトル" ボタンをクリックします。表示され
た《ページ設定》ダイアログボックス（図14.8参照）の「タイトル行」または「タイトル列」
のテキストボックスをクリックし，行番号や列番号のセル範囲をドラッグ（または手入力）し
て指定し，OKボタンをクリックします。

3.3　印刷範囲の設定と印刷プレビュー

　印刷時に，特に設定していない場合，ワークシートに入力されたセルの範囲すべてが印刷の
対象となります。印刷する範囲を設定したい場合は次のようにします。

　印刷する範囲を設定するには，印刷したいセル範囲をドラッグした後，【ページレイアウト】
タブの『ページ設定』グループにある "印刷範囲" ボタンをクリックし，「印刷範囲の設定」
をクリックします。

　印刷を実行する前に，画面上で印刷範囲を印刷プレビューで確認しましょう。印刷範囲の確
認方法は，【ファイル】タブをクリックして，画面左側の「印刷」をクリックすると，画面右
側に印刷プレビューが表示されます。

図14.8　《ページ設定》ダイアログボックス

３．４　出力（印刷および PDF ファイル）

　Microsoft Office（Word や Excel 等）では，作成した文書を紙に印刷したり，PDF ファイルとしてエクスポートしたり，出力することができます。

（1）紙へ印刷（出力）

　紙に印刷する場合，【ファイル】タブ → 「印刷」を選択し，印刷設定（図 14.9 参照）後，"印刷" ボタンをクリックします。

- 印刷ボタン　　　　　　：印刷（出力）を実行します。
- 部数　　　　　　　　　：印刷枚数を指定します。
- プリンター　　　　　　：出力するプリンターを選択します。
- プリンターのプロパティ：プリンターの詳細設定。
- 設定　　　　　　　　　：印刷対象を選択します（すべて，現在のページ など）。
- ページ指定　　　　　　：開始ページと終了ページの指定。

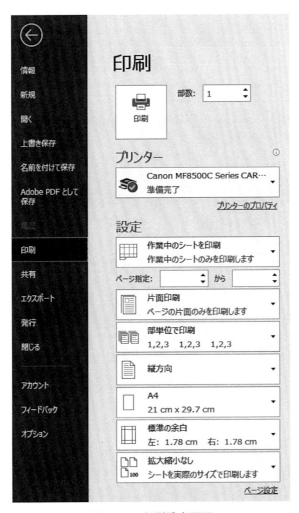

図 14.9　印刷設定画面

- 印刷面　　　　　　　　：片面／両面　印刷の選択。
- 部単位で印刷　　　　　：複数印刷時　部単位／ページ単位 印刷の選択。
- 印刷方向　　　　　　　：印刷ページの用紙方向　縦方向／横方向の選択。
- 用紙サイズ　　　　　　：用紙サイズの選択。
- 余白　　　　　　　　　：余白の設定。
- 拡大縮小　　　　　　　：シート印刷時の拡大および縮小。

（2）PDF ファイルへ出力

　PDF（Portable Document Format）ファイルは，パソコンの機種や環境に関わらず，紙に印刷するのと同じ状態のページイメージを保存したファイル形式であり，作成したアプリケーションが無くても無料の閲覧アプリケーションでファイルを表示することができるので，社会で多く利用されています。

　PDF ファイルの出力方法は，【ファイル】タブから「エクスポート」をクリックします。その後，「PDF/XPS ドキュメントの作成」をクリックし，"PDF/XPS の作成"ボタンをクリックします。《PDF または XPS 形式で発行》ダイアログボックスで保存するフォルダおよびファイル名を指定後，"発行"ボタンをクリックします。

❹ マクロ

　マクロは，何度も同じ操作が続く場合に，あらかじめ一連の操作にマクロ名を付けて記録しておき，実行することができます。同じ操作を繰り返すことで手間が省け，ミスの抑制や効率的な処理に役立ちます。マクロは，VBA（Visual Basic for Applications）と呼ぶプログラム言語で記録されます。

　あらかじめ，ファイル"練習 14-1.xlsx"を USB に複製して，開いておきましょう。

4.1　マクロの作成方法
　Excel でマクロを作成する方法は 2 種類あります。

● 「マクロの記録」を使う
　1 つ目は自分が行う操作を記録する方法です。自動化したい操作を一度行い Excel に記録させます。あとは記録したマクロを利用したいときに実行します。

● プログラミング言語（VBA）を入力する
　2 つ目は VBA（Visual Basic for Applications）というプログラミング言語を使う方法です。マクロの記録のように作業を記録するのではなく，VBA を使ってプログラム（マクロ）を作成し，マクロを利用したいときに実行します。

　本書では「マクロの記録」を使って，簡単なマクロを組む方法について紹介します。VBA は高度な内容になるので本書では取り扱いません。

4.2　マクロの作成の準備

　マクロを作成および実行する場合，マクロに関する操作（マクロの記録や実行，編集など）を効率よく利用するために，リボンに開発タブを表示しておきましょう。【ファイル】タブ →「オプション」→《Excel のオプション》ダイアログボックスを選択します。「リボンのユーザー設定」項目を「メインタブ」にして，「メインタブ」項目中の「開発」を☑（オン）にして OK をクリックします。

4.3　記録する作業内容の確認

　「マクロの記録」は，Excel で行う操作を正確に記録します。すなわち，間違った操作も正確に記録されてしまいます。不要な操作や誤った操作をしないために，はじめに作業内容を確認しておきましょう。

※あらかじめファイル "練習問題-14 章-01.xlsx" を USB に複製し，開いておきましょう。

　例えば，気象庁ホームページのデータ（図 14.10 参照）より 1 年間の名古屋の気温から，1 年間の "平均気温" および "最高気温"，"最低気温" を算出する作業をマクロに記録してみましょう。マクロに登録する作業内容を確認すると以下に示す操作を行う必要があります。

　マクロ作成時の流れを以下のとおり考えておきます。
① 　マクロ名を "気温" と名付ける。
② 　セル A18 をクリック（アクティブセルにする）。
③ 　文字列 "平均" を入力し，Enter キーを押下。
④ 　セル A19 に文字列 "最高" を入力し，Enter キーを押下。
⑤ 　セル A20 に文字列 "最低" を入力し，Enter キーを押下。
⑥ 　セル B18 に数式 "=AVERAGE（B6:B17）" を入力。
⑦ 　セル B19 に数式 "=MAX（B6:B17）" を入力。
⑧ 　セル B20 に数式 "=MIN（B6:B17）" を入力。
⑨ 　セル A1 をクリック

4.4　マクロの記録
　作業内容を確認した上で問題が無ければ，実際にマクロとして記録します。

(1) 記録の開始
　【開発】タブ → 『コード』グループ（図 14.11 参照）にある "マクロの記録" ボタンをクリックすると，《マクロの記録》ダイアログボックスが表示されます。「マクロ名」を入力し，OK ボタンをクリックします。

図 14.10　2018 年名古屋の気温

出所：気象庁ホームページ（各種データ・資料＞過去の気象データ検索＞観測開始からの毎月の値）。

図 14.11　【開発】タブ → 『コード』グループ

（2）操作の実施

前節で確認した作業内容を実施します。

（3）記録の終了

【開発】タブ → 『コード』グループにある "記録終了" ボタンをクリックします。

4.5　マクロの実行

記録されたマクロが意図通りに動作するか確認してみましょう。

【開発】タブ → 『コード』グループにある "マクロ" ボタンをクリックすると，《マクロ》ダイアログボックス（図 14.12 参照）が表示され，保存されているマクロ名のリストから，実行したいマクロ名を選択し，"実行" ボタンをクリックします。

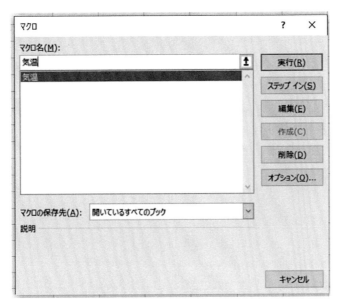

図 14.12　《マクロ》ダイアログボックス

４.６　マクロの編集

記録されたマクロの内容を確認してみましょう。

【開発】タブ → 『コード』グループにある "マクロ" ボタンをクリックすると，《マクロ》ダイアログボックスが表示され，保存されているマクロ名のリストから，確認したいマクロ名を選択し，"編集" ボタンをクリックします。VBE が起動（図 14.13 参照）し，マクロの内容の確認／修正ができます。

```
練習問題-14章-01.xlsx - Module1 (コード)
(General)

Sub 気温()

' 気温 Macro

'
    Range("A18").Select
    ActiveCell.FormulaR1C1 = "平均"
    ActiveCell.Characters(1, 2).PhoneticCharacters = "ヘイキン"
    Range("A19").Select
    ActiveCell.FormulaR1C1 = "最高"
    ActiveCell.Characters(1, 2).PhoneticCharacters = "サイコウ"
    Range("A20").Select
    ActiveCell.FormulaR1C1 = "最低"
    ActiveCell.Characters(1, 2).PhoneticCharacters = "サイテイ"
    Range("B18").Select
    ActiveCell.FormulaR1C1 = "=AVERAGE(R[-12]C:R[-1]C)"
    Range("B19").Select
    ActiveCell.FormulaR1C1 = "=MAX(R[-13]C:R[-2]C)"
    Range("B20").Select
    ActiveCell.FormulaR1C1 = "=MIN(R[-14]C:R[-3]C)"
    Range("B21").Select
End Sub
```

図 14.13　マクロ "気温" の VBE 画面

VBE（Visual Basic Editor）とは，テキストエディタ（エディタ）と呼ばれるソフトウェアの一種です。「Sub マクロ名（）」から「End Sub」で囲まれた部分が記録されているマクロの内容です。本書では詳細まで触れませんが，ここに記述されている文字の並びはソースコードと呼ばれ，コンピュータが行う命令が記述されています（Excel のマクロは，VBA というプログラミング言語で命令が記述されます）。すなわち，「マクロの記録」によって記録された作業内容は，実際にはソースコードとして記録されています。

　ここでは，深く内容を理解する必要はありませんが，雰囲気だけ確認しておきましょう。一通りソースコードを確認したら，VBE を閉じましょう。

4.7　マクロを含むブックの保存

　作成したマクロを保存するためには，通常の Excel ファイル（拡張子が .xlsx）とは異なる形式（拡張子が .xlsm）で保存する必要があります。

　【ファイル】タブ →「エクスポート」→「ファイルの種類の変更」→「マクロ有効ブック（.xlsm）」→ "名前を付けて保存" ボタンをクリックします。《名前を付けて保存》ダイアログボックスの「保存先」と「ファイル名」を指定して "保存" ボタンをクリックします。

4.8　マクロを含むブックを開く

　マクロ有効ブック（.xlsm）を開くと，画面上部に「セキュリティ警告」の表示が出る場合があります。これはセキュリティの観点（マクロウィルス）からマクロを実行できない状態でファイルが開かれるためです。保存したマクロを実行可能な状態にするには，「セキュリティの警告」欄にある "コンテンツの有効化" をクリックします。

　※インターネットからダウンロードしたマクロ有効ブックを開く場合，以下 2 点の確認が必要です。確認を行った上で "コンテンツの有効化" を行うようにしましょう。少しでも怪しい場合はマクロを実行しないようにしましょう。

- ダウンロード元のサイトの説明を確認
- ダウンロードしたファイルをウィルスチェックして確認

索　引

サ

タ

ナ

《監修者紹介》
　尾碕　眞（おざき・まこと）
　　愛知学院大学大学院商学研究科客員教授

《編著者紹介》
　吉田　聡（よしだ・さとし）担当：第1章～第4章，第11章
　　愛知学院大学商学部教授

　青木　均（あおき・ひとし）担当：第1章
　　愛知学院大学商学部教授

　笠置　剛（かさぎ・ごう）担当：第9章，第12章，第14章
　　愛知学院大学商学部准教授

《著者紹介》
　竹治　勲（たけじ・いさお）担当：第5章～第7章
　　愛知学院大学商学部非常勤講師
　　愛知県立大学大学院情報科学研究科博士後期課程在学中

　御幸英寛（みゆき・ひでお）担当：第8章，第10章，第13章
　　愛知学院大学商学部非常勤講師

（検印省略）

2020 年 3 月 20 日　初版発行　　　　　　　　　略称―ビジネス情報

ビジネス情報リテラシー

	監修者	尾 碕　　眞
		吉 田　　聡
	編著者	青 木　　均
		笠 置　　剛
	発行者	塚 田 尚 寛

発行所　東京都文京区
　　　　春日 2−13−1　　　株式会社　創 成 社
　　　　電　話 03（3868）3867　　F A X 03（5802）6802
　　　　出版部 03（3868）3857　　F A X 03（5802）6801
　　　　http://www.books-sosei.com　振　替 00150-9-191261

定価はカバーに表示してあります。

©2020 Satoshi Yoshida　　　組版：ワードトップ　印刷：エーヴィスシステムズ
ISBN978-4-7944-2559-1 C3034　製本：宮製本所
Printed in Japan　　　　　　　落丁・乱丁本はお取り替えいたします。

───────── 経営選書 ─────────

ビジネス情報リテラシー	碕田 聡均 監修 / 尾吉青笠 眞聡均剛	編著	2,000 円
ビジネス・シミュレーション ― 設計・構築・分析 ―	姜 秉国	著	2,600 円
経営情報システムとビジネスプロセス管理	大場 允晶 / 藤川 裕晃	編著	2,500 円
イチから学ぶビジネス ― 高校生・大学生の経営学入門 ―	小野 正人	著	1,700 円
やさしく学ぶ経営学	海野 博 / 畑 隆	編著	2,600 円
豊かに暮らし社会を支えるための 教養としてのビジネス入門	石毛 宏	著	2,800 円
東北地方と自動車産業 ―トヨタ国内第3の拠点をめぐって―	折橋 伸哉 / 目代 武史 / 村山 貴俊	編著	3,600 円
おもてなしの経営学［実践編］ ―宮城のおかみが語るサービス経営の極意―	東北学院大学経営学部 おもてなし研究チーム みやぎ おかみ会	編著 協力	1,600 円
おもてなしの経営学［理論編］ ― 旅館経営への複合的アプローチ ―	東北学院大学経営学部 おもてなし研究チーム	著	1,900 円
おもてなしの経営学［震災編］ ―東日本大震災下で輝いたおもてなしの心―	東北学院大学経営学部 おもてなし研究チーム みやぎ おかみ会	編著 協力	1,600 円
おもてなしの経営学［復興編］ ―宮城のおかみが語るサービス経営への思い―	東北学院大学経営学部 おもてなし研究チーム みやぎ おかみ会	編著 協力	1,800 円
転職とキャリアの研究 ― 組織間キャリア発達の観点から ―	山本 寛	著	3,200 円
昇進の研究 ―キャリア・プラトー現象の観点から―	山本 寛	著	3,200 円
イノベーションと組織	首藤 禎史 / 伊藤 友章 / 平安山 英成	訳	2,400 円

（本体価格）

───────── 創 成 社 ─────────